JN085685

新版 シミュレーション教材

「ひょうたん島問題」
多文化共生社会ニッポンの学習課題

藤原孝章 著

明石書店

はじめに

　「ひょうたん島問題」は、移民や外国人労働者が増えつつある現代社会の課題とその解決のあり方を、多文化共生社会づくりの観点から、体験的に理解するためのシミュレーション教材として、今から四半世紀も前の1995年ごろに着想・構想され、教材の公開・検証をへたのち、国際理解教育や社会科・国際理解学習の観点から教材作成の意義を論じ、学習教材として成立した。2000年には、『ひょうたん島問題－多文化共生をめざして－地球市民教育参加体験型学習CD-ROM教材（テキストパック）』として動画版CD-ROM教材が出来上がった。しかしそれは、限定出版であったため、2008年に明石書店から旧版を出版することができた。だが、当初あった動画版については諸般の事情から断念し、紙芝居ツール版のCD-ROMとした。旧版は、おかげさまで、大学授業での教科書、中学校や高等学校での授業、小、中、学校教員の国際理解、人権教育の研修、自治体職員の人権研修、国際交流協会やNPO主催の市民講座など、多数の人々に支持していただき5刷ができるまでになった。

CD-ROM版（山口県国際交流協会、国際理解教育教材リスト一覧から引用）

　しかし、社会は、旧版出版当時とは明らかに異なる様相を呈してきた。旧版では、「現在（2007年）、日本における外国人登録者数は200万人をこえ、外国人の集住する市や町も増えている。学校では、外国人児童生徒が学んでいることは珍しくなくなった。なかには、日本語の学習が必要な子どもも多くなっている。少子高齢社会を迎えて、介護や看護、現場労働の一部を外国人に依存する時代がすぐそこにきている」と書いた。現在（2020年）は、政府は、労働者受け入れに方針を転換し（改定入管法、2019年4月施行）、外国人住民数はまもなく300万人時代になろうかとしているし、国籍や民族も多様化している。労働や雇用だけではなく、学校教育や居住環境、地域行政に関わる多文化共生や人権の課題が現出している。もちろん、そのような場面での問題解決に向けた創造的な取り組みも見られる。

　旧版以後、私たちを取り巻く社会もまた、東日本大震災（2011年3月11日）、ヘイトスピーチの横行とヘイトスピーチ解消法（2016年6月施行）、新型コロナウィルスの世界的流行（2020年）など、多文化共生や人権に関わる変化を見せている。

　もはや、旧版に任せておけないという思いを強く持った。新版では、「仮想現実の中で問題解決のあり方を探るシミュレーション教材」という「ひょうたん島」のコンセプトや大きな枠組みはそのままにして、動画版を復刻し、授業やワークショップで活用できるようにした。そして、この間、筆者がさまざまなところで行ってきたワークショップや研修の経験、多文化地域の訪問調査などの知見も入れて、「多文化共生社会ニッポンの学習課題」について改めて提案してみたい。

　ここで、初めて本書を手にする読者のために、簡単に「ひょうたん島問題」とは何かを紹介しておきたい。

　まず、架空の島である「ひょうたん島」に、「カチコチ島」と「パラダイス島」から人々が労働者や移民としてやって来るところから「物語」は始まる。

　「ひょうたん島」の人々は、緑の森林と農園に囲まれた島で、豊かにそして穏やかに暮らしている。「カチコチ島」の人々は、島は豊かではなく飢饉も起き、出稼ぎをする人も多い。大変な働き者で、故郷に仕送りをしている。「パラダイス島」の人々はのんびり屋でゆったりとしている。しかし、人口が急増し、島を出て行く人も多い。

　こうして、もともとは「一国家一民族一言語」であった「ひょうたん島」に、カチコチ人とパラダイス人という異なる文化や言語を持つ人々がやって来た。

　そこでは、次のような、5つの場面で社会問題が生じることになっている。もちろんこの社会問題は、多文化社会にあって現実に起こりうる場面を、しかも、より深刻になっていく段階として、仮想的に設定しているものである。

　コミュニケーションや文化（祝祭）、教育、コミュニティ、そして島の環境という5つの場面、レベルについて、多文化共生をテーマに、仮想現実の中で、考え、解決していくことをめざしたものである。

『ひょうたん島問題』で取り上げた5つの社会問題レベル

1. 「あいさつがわからない」

ねらい：コミュニケーション・ギャップの体験から、文化には固有の習慣や価値観があることを理解する。

2. 「カーニバルがやってきた」

ねらい：勤労に対する価値観の違いが、文化的なシンボルの受け入れをきっかけに社会問題となることを理解する。違いを認めることはできても、それが自らの生活をおびやかす場合、社会問題を背景に文化対立が生じることに気づく（共生の課題が芽生える）。

3. 「ひょうたん教育の危機」

ねらい：言葉や教育における価値観の違いが、多数派による文化的同化を強めていき、一方で、少数派による違いの主張が明確になり、文化の対立となり、社会問題になっていくことに気づく。

4. 「リトル・パラダイスは認められるか？」

ねらい：多数派に対する違和が、少数派の分離主義にまで発展し、居住の集住と分離を生み、社会の安全や福祉などの財政面の課題が生まれてくることに気づく。多文化主義、多民族共生はコストがかかることを理解する。

5. 「ひょうたんパワーの消滅？」

ねらい：人口動態の変化が島の環境や資源の「持ちつ持たれつ」の関係にストレスを与えてしまい、それらが有限でかけがえのないものであると気づかなければ破局が訪れることを理解する。共生の条件とは破局を避けるための選択であることに気づく。

そして、教材「ひょうたん島問題」の学習は以下のような手順によってすすめる。

背景ストーリー（「ひょうたん島の物語」）の理解

　読み聞かせ（朗読）もしくは動画版の視聴：「ひょうたん島」「カチコチ島」「パラダイス島」の3つの島の様子や、ひょうたん島に移住してくるプッシュ要因とプル要因など、「ひょうたん島の物語」を理解する。

レベル1：「あいさつがわからない」

- **活動**：役割カード（あいさつカード）を使って、3つの島の人々の「あいさつ」を体験する。
- **ふりかえり**：体験から感じたこと・気づいたことを発表する。
- **実際事例の提示**：現実にある世界の民族のさまざまなあいさつを紹介する。

レベル2：「カーニバルがやってきた」

- **読み聞かせ（朗読）、もしくは動画版の視聴**：紙芝居ツールや動画を使って、社会問題の状況を理解する。
- **活動**：役割カードを使って、登場人物（5人の立場）を理解し、なりきりロールプレイをして、問題解決について話し合う。
- **ふりかえり**：活動（ロールプレイによる話し合い）から感じたこと・気づいたことを発表する。
- **実際事例の提示**：交流イベントや祭りでの問題解決の事例など現実にある共生モデルを紹介する。

レベル3：「ひょうたん教育の危機」

- **読み聞かせ（朗読）、もしくは動画版の視聴**：紙芝居ツールや動画を使って、社会問題の状況を理解する。
- **活動**：役割カードを使って、登場人物（5人の立場）を理解し、なりきりロールプレイをして、問題解決について話し合う。問題解決のあり方をランキング・カード（9つの政策）を使って探る。
- **ふりかえり**：活動（ロールプレイおよびランキングによる話し合い）から感じたこと・気づいたことを発表する。
- **実際事例の提示**：民族学校や国際学校、学校や地域での日本語教室、政府のJSL（Japanese as a second language：第二言語としての日本語）への取り組みなど、現実にある共生モデルを紹介する。

レベル4：「リトル・パラダイスは認められるか？」

- **読み聞かせ（朗読）、もしくは動画版の視聴**：紙芝居ツールや動画を使っ

て、社会問題の状況を理解する。

・**活動**：役割カードを使って、登場人物（5人の立場）を理解し、なりきりロールプレイをして、問題解決について話し合う。問題解決のあり方をランキング・カード（9つの政策）を使って探る。

・**ふりかえり**：活動（ロールプレイおよびランキングによる話し合い）から感じたこと・気づいたことを発表する。

・**実際事例の提示**：エスニックタウン、多言語表示、生活情報、政府や自治体の多文化共生推進まちづくりなど、現実にある共生モデルを紹介する。

レベル5：「ひょうたんパワーの消滅？」

・**読み聞かせ（朗読）、もしくは動画版の視聴**：紙芝居ツールや動画を使って、社会問題の状況を理解する。

・**活動**：3つの島の人々の立場を考慮して、問題解決について話し合う。

・**実際事例の提示**：環境、水、平和、安全など、ふだんは気づかない共有財産があること、対立や紛争がそれをこわしてしまう事例などを紹介する。

『ひょうたん島問題』は、すべてのレベルの社会問題を連続して学ぶこともできるし、レベル1をアイスブレーキング、レベル5を後日談にして、レベル2、3、4のいずれかを個別で学ぶこともできる（前者では、およそ6時間（360分）、後者は2〜3時間（120〜180分）を要する）。

ここで、旧版以後、進行した日本社会の多文化化の現状や、多くの講演やワークショップの機会を持たせていただいたなかで、本書の位置付けも明確になってきたので、新版にあたり付け加えておきたい。

それは、旧版と同じく新版も、マジョリティの側の自己変容、社会変容を意図したものである。逆に言えば、教室の中の外国にルーツを持つ子どもたちや社会の中のマイノリティとしての外国人住民の人たちから見れば限界もあるという点である。まず、役割カードをはじめ使用されている日本語には、ルビが振っていないし、やさしい日本語になっていない。

　また、社会問題の理解をわかりやすくするために、３つの島の民族を文化本質主義的にとらえていて、文化の複合や変容といった構築主義的な視点については、活動のあとのふりかえりでの留意点や理論編で補足している。

　新版ではこのような限界を少しでも克服するために、新たに、実践編第７章に「日本に住む多様な外国ルーツの人々（語りとしてのロールプレイ）という章を設け、その「人物の語り」をローププレイできるようにした。

　最後に、本書は実践編と理論編、資料編、そして付録の紙芝居ツール（明石書店 web サイトからダウンロード）と動画版（YouTube）からなっている。

　理論編は、「ひょうたん島問題」の教材としての意義を、社会科や国際理解、シティズンシップの学習の点から説明したものである。学習を進めるに当たって、現実の共生モデルや日本人移民史など、指導者やファシリテーターが知っておくべき背景情報を示すものである。シミュレーション教材のポイントは、仮想と現実を対比することによって、社会問題とその解決を探る点にある。実践編の活動だけでは、多文化共生とは反対の結果も起こりうる。

　紙芝居ツールのダウンロードおよび動画版（YouTube）の視聴は、各章の「２.紙芝居ツールと読み聞かせ（朗読）、もしくは動画版の視聴」および巻末158-162ページに掲載している URL と QR コードからアクセスできる。また、次頁で紹介する本書の公式ページからも利用が可能である。

　それでは、ひょうたん島ワールドへ、お入りください。

画像00

付録〈紙芝居ツール〉〈動画版〉の利用法

・明石書店 web サイトの本書公式ページから画像をダウンロードし、カラーで印刷し、「紙芝居」のように提示する。その際、第一部に示した「紙芝居ツールと読み聞かせ（朗読）」のナレーションを活用する。

・動画版（YouTube の明石書店チャンネルで公開。アクセスは URL または QR コードから）を活用するとこの手続きは簡略化できる。

・役割カードや政策ランキングカードは、それぞれ学習グループ分用意する。

・画像は JPEG 形式のファイルなので、パソコンからプロジェクターを使って提示することもできる。画像の作成者は前川敏氏（故人）である。

明石書店本書公式ページ
URL：https://www.akashi.
co.jp/book/b557960.html

● QR コード

●紙芝居ツール
内容紹介の下にある青色の文字がデータのファイルです。ダブルクリックをするとダウンロードが始まります。

●動画版
YouTube で公開している動画版の一覧です。QR コードを読み取り動画にジャンプすることができます。

新版 シミュレーション教材「ひょうたん島問題」
―多文化共生社会ニッポンの学習課題―
もくじ

はじめに　3
付録〈紙芝居ツール〉〈動画版〉の利用法　9

第1部　実践編…………………………………………………………13

第1章　3つの島——ひょうたん島物語…………………………………14
1. 状況設定　14
2. 紙芝居ツールと読み聞かせ（朗読）、もしくは動画版の視聴　16

第2章　あいさつがわからない——異文化コミュニケーション レベル1 ……30
1. ねらい　30
2. 時　間　30
3. すすめ方　30
4. あいさつの役割カード　31
5. 紙芝居ツールと読み聞かせ（朗読）、もしくは動画版の視聴　32
6. すすめ方とふりかえり、ここがポイント　35

第3章　カーニバルがやってきた——祝祭と労働 レベル2 ………………37
1. ねらい　37
2. 時　間　37
3. すすめ方　37
4. 紙芝居ツールと読み聞かせ（朗読）、もしくは動画版の視聴　38
5. 役割カードの内容　43
6. すすめ方とふりかえり、ここがポイント　46
7. 現実、共生モデル　47

第4章　ひょうたん教育の危機——教育の国際化 レベル3 ………………49
1. ねらい　49

2. 時　　間　49

3. すすめ方　49

4. 紙芝居ツールと読み聞かせ（朗読）、もしくは動画版の視聴　52

5. 役割カードの内容　58

6. 「ひょうたん教育の危機」を救う９つの方法（ランキング）　60

7. すすめ方とふりかえり、ここがポイント　61

8. 現実、共生モデル──外国人の子どもに対する学習支援　64

第5章　リトル・パラダイスは認められるか？
　　　──居住地域とコスト **レベル4** ……………………………………70

1. ねらい　70

2. 時　　間　70

3. すすめ方　70

4. 紙芝居ツールと読み聞かせ（朗読）、もしくは動画版の視聴　72

5. 役割カードの内容　76

6. 「リトル・パラダイス」をめぐる９つの政策（ランキング）　78

7. すすめ方とふりかえり、ここがポイント　81

8. 現実、共生モデル──集住と住み分け　82

第6章　ひょうたんパワーの消滅？──共有財産とは何か **レベル5** ‥‥84

1. ねらい　84

2. 時　　間　84

3. すすめ方　84

4. 紙芝居ツールと読み聞かせ（朗読）、もしくは動画版の視聴　85

5. すすめ方とふりかえり、ここがポイント　90

6. 応用編：ひょうたん島問題」の全体をふりかえり　91

7. 現実、共生モデル　92

第7章　日本に住む多様な外国ルーツの人々（語りとしてのロール
　　　プレイ）……………………………………………………………93

1. ねらい　93

2. 時　　間　93

　　3. すすめ方　93

　　4. 日本に暮らす多様な外国にルーツを持つ人々（15人の人物誌）　93

　　5. すすめ方とふりかえり、ここがポイント　98

　　6. 応用編：「〇〇（日本）人って誰？」　103

第2部　理論編 ………………………………………………… 105

第8章　「ひょうたん島問題」とは何か ……………………… 106

　　1.「ひょうたん島問題」　106

　　2. 国境を越える人の移動　107

　　3. 多文化学習　108

　　4.「ひょうたん島問題」の学習構造　109

　　5. 多文化社会における民族・文化集団の相互関係　112

　　6. 類型化とロールプレイ──議論の構造（レベル3「ひょうたん教育の危機」の場合）　114

　　7. 問題の深刻化（居住地域とコストをめぐって）（レベル4「リトル・パラダイスは認められるか？」の場合）　117

　　8. 普遍的な価値の設定（レベル5「ひょうたんパワーの消滅？」の場合）　119

　　9. 多文化主義のジレンマ──文化摩擦・対立のサイクル　119

　　10. 日本における多文化主義の可能性　122

　　11. ポスト「ひょうたん島問題」　123

　　12. シミュレーション「ひょうたん島問題」を含む学習単元　125

第3部　資料編 …………………………………………………… 131

　　1. 講演・ワークショップ配布資料　132

　　2. 関連年表など　141

　　3. 参考・関連文献　150

　　4. 紙芝居ツール画像確認表　158

　　5. 動画版（YouTube）一覧　161

　　おわりに　163

　　索　引　165

第**1**部

実践編

第1章　3つの島—ひょうたん島物語

1. 状況設定

（1）ひょうたん島

・「ひょうたんパワー」というエネルギーを持ち、自ら海を移動することができる。

・人口過密だが、増加率は低い。

・21世紀には労働力の不足も懸念される。

・一人当たりの国民所得は高く、豊かである。失業率も低く、人々は選り好みさえしなければ仕事につくことができる。

・島国なので「ひょうたん島文化」という伝統を保持し、この島の教育目的の一つは「ひょうたん文化」の継承である。

・おおらかな国民性で、開放的でもあるが、島の文化的、伝統的シンボルである〈ひょうたん〉および〈ひょうたん森林地区〉は聖域である。粗末に扱うことはタブーとされる。

（2）問題の背景

・ひょうたん島が漂流しているとき、北の「カチコチ島」と南の「パラダイス島」からひょうたん島に多くの人々が渡来するようになった。

・ひょうたん島では、両島からの移住者について寛容である。また、移住者が多いことを理由に島をすぐさま移動することはない。

・むしろ将来は労働力不足になるという予測がされているので、一定の受け入れを容認している。

・北の「カチコチ島」は、土地がやせていて、例年以上の寒さのため食糧生産は平年の30%である。「カチコチ人」は逃れるがごとくにひょうたん島にやって来た。

・南の「パラダイス島」は、その日その日は食べていけるが、人口急増に悩ん

でいる。最近、ひょうたん島の豊かな生活ぶりがテレビに映るようになって、多くの人がひょうたん島で暮らすことを望むようになった。

（3）ひょうたん島概念図

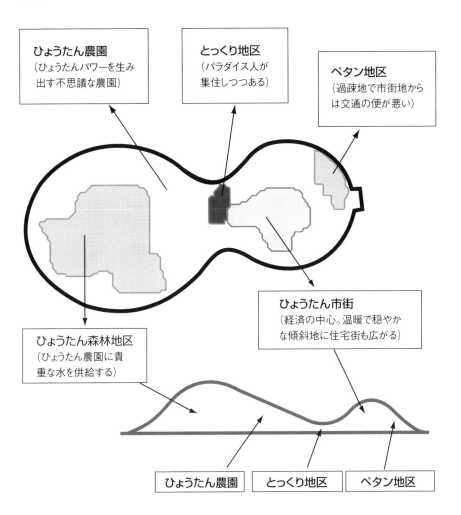

ひょうたん農園
（ひょうたんパワーを生み出す不思議な農園）

とっくり地区
（パラダイス人が集住しつつある）

ペタン地区
（過疎地で市街地からは交通の便が悪い）

ひょうたん森林地区
（ひょうたん農園に貴重な水を供給する）

ひょうたん市街
（経済の中心。温暖で穏やかな傾斜地に住宅街も広がる）

ひょうたん農園　とっくり地区　ペタン地区

2. 紙芝居ツールと読み聞かせ（朗読）、もしくは動画版の視聴

紙芝居ツールのダウンロード

ファイル名：（1）3つの島（1-3islands）

https://www.akashi.co.jp/files/books/5155/1-3islands.zip

動画視聴はここにアクセス

藤原孝章『ひょうたん島問題』動画版「背景ストーリー——3つの島」

https://youtu.be/chL0L4n_CVg

1 広い海のあるところにまだ誰にも知られていない島が3つあります。その1つが北の海から寒流にさらされているカチコチ島です。一方、南からやって来る暖流に洗われているパラダイス島があります。そしてもう1つ、大海原を漂流するように移動している不思議な島、ひょうたん島があります。

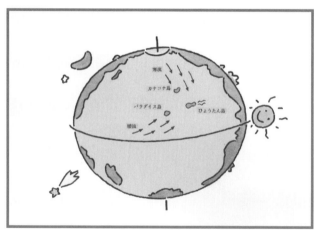

画像01

2　ひょうたん島は、カチコチ島とパラダイス島の中間の海域に向かって
　航海しています。気候の温暖なあたりをめざしているようです。

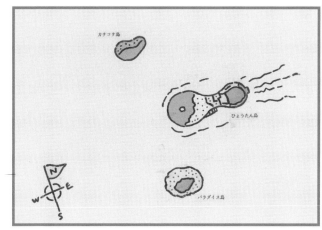

画像 02

3　カチコチ島には、年中、北風が吹きつけ、島のほとんどは、針葉樹の
　森におおわれ、狭い平地には岩肌がむき出しになっています。

画像 03

4 カチコチ人は、じつによく働きます。雪と氷に悩まされながら、岩石が多く、やせた土地の畑を毎日、せっせと耕して暮らしています。

画像04

5 にもかかわらず、カチコチ島は今年も、ひどい冷害とかんばつにおそわれ、麦、じゃがいもなどの主食となる作物が、例年の3分の1という少ない収穫量でした。これは、カチコチ島の人々にとって、暮らしをおびやかす深刻な問題です。

画像05

6 よく働くカチコチ島の人々は、「勤労感謝の日」を年2回、夏至と冬至の日に定めています。それは「文化の日」でもあるのです。島の広場で繰り広げられるイベントに、人々の歓声がわきあがります。

画像06

7 一方、サンゴ礁に囲まれたパラダイス島には、年中、明るい太陽が照り、夏の季節だけが続きます。

画像07

8 パラダイス島では、いろいろな食べものが豊富に収穫できるので、人々は、何不自由なく暮らしています。毎日、日中の気温が高いために、パラダイス人には昔から、「昼寝」をする伝統的な習慣があります。

画像 08

9 パラダイス島のお祭りは満月の夜です。夜、人々は、浜辺に出て、のんびりとダンスやおしゃべりを楽しみ、家族や親戚、仲間、そして地域ぐるみで、ふれあいの絆を深めるのです。

画像 09

10 パラダイス島の問題は、急激な人口の増加です。このままでは、近い
将来、食糧の自給自足も危ぶまれます。いつまでたっても電気や水道
が普及せず、近代的な暮らしができないのも、人々の大きな不満です。

画像10

11 ひょうたん島が、カチコチ島のはるか沖合にイカリをおろした様子が、
テレビで報じられると、カチコチ島は大騒ぎになりました。人々はテレ
ビ画面に映し出されるひょうたん島の超近代的な光景に目がくぎ付けに
なり、見入り、議論するのでした。

画像11

12 パラダイス島でも、ひょうたん島が見える海辺では、毎日、朝から大にぎわいです。望遠鏡でのぞけば、ひょうたん島の様子が手に取るようにわかります。今まで、見たこともない超高層ビル群、高速道路、整備された田園に人々は驚くのでした。

画像12

13 カチコチ島では、たちまち、「ひょうたん島へ出稼ぎに行こう」「ひょうたん島で働いて、家族に仕送りしよう」という、おおぜいの人たちが集まり、やがて、大きな帆船を建造して、ひょうたん島をめざして出発するのでした。

画像13

14 パラダイス島でも「ひょうたん島へ移住しよう」「ひょうたん島で新生活を始めよう」という多くのパラダイス人たちが、大型のカヌーをたくさん漕ぎ出して、ひょうたん島へ向かっていくのでした。

画像14

15 ひょうたん島の大きい山は、原始の森におおわれた森林地区です。山頂には湖があります。湖と森に水が豊かに貯えられています。ひょうたん島の人々は、森林地区を大切に守っています。

画像15

23

16 「森林地区」からわき出す水は、山のすそ野に広がる農園をうるおし、ひょうたん島のすべての人々の暮らしを支えています。

画像16

17 小さい山「とっくり山」のふもとに、ひょうたん島の中枢である市街地がひらけ、世界のどこの大都市にもひけをとらない超高層ビルが建ち並んでいます。その背後の山手、海が見下ろせるところに、ひょうたん人の多くが住む邸宅や高級マンションがあります。

画像17

18 「ひょうたん農園」では、今年も見事なひょうたんが収穫されています。
ひょうたんは、なんといっても、島のシンボルなのです。

画像18

19 ひょうたんは、別名「ふくべ」と呼ばれ、暮らしに欠かせない食器類や
インテリアとしても加工されています。これらの多くは海外へ輸出され、
ひょうたん島の財源をうるおしています。

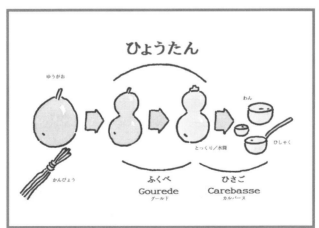

画像19

20 ひょうたんは、ひょうたん人の生活のすみずみに浸透し、ひょうたん島の誇りとして、「ひょうたん文化」を長く受け継いできています。

画像 20

21 ひょうたん島が、世界の海を自由自在に航海できる秘密は、「ひょうたんパワー」にあるのです。豊かな水をマグマの熱によって水蒸気に変え、ハイテク・エンジンを動かして、絶えず、気候の温暖な理想的な環境を選びながら、移動しているのです。

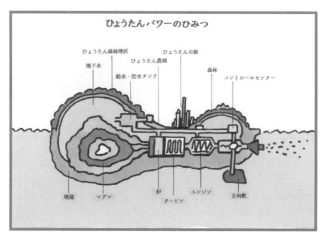

ひょうたんパワーのひみつ

画像 21

22 ひょうたん島の地図を見ると、島の素晴らしい環境がひと目でわかります。中央部にある下町「とっくり地区」は、工場地帯や農園地帯、港にも近く、働く人々にとって住みやすい地区なのです。

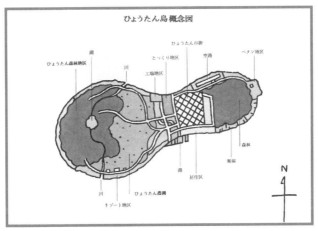

画像22

23 ひょうたん島へ移ってきたカチコチ人とパラダイス人たちのほとんどは、「とっくり地区」に住み始めました。最初からそこに住んでいたひょうたん人とともに、近くにある工場やひょうたん農園へと働きに出かけるのでした。

画像23

24 カチコチ人もパラダイス人も、それぞれ思い思いの家を建てました。カチコチ人の住居は、太い材木とレンガを使った頑丈なスタイルです。一方、パラダイス人の住まいは、茎の長いヨシや竹を組み合わせた風通しのよい簡素な住宅です。それぞれの住まいに文化の違いが現れています。

カチコチ人の住宅　パラダイス人の住宅

画像24

25 これはひょうたん人、カチコチ人、パラダイス人の男性の一般的な服装です。ひょうたん人の服装は、季節にあまり関係ありませんが、カチコチ人はセーターとマフラー、パラダイス人は、簡素でカラフルな服装です。

カチコチ人　ひょうたん人　パラダイス人

画像25

26 ひょうたん人と渡来してきたカチコチ人、パラダイス人たちが、「とっくり地区」の公園で、ふれあう光景が見られます。最初のうちは、お互いに、あいさつの仕方がわからなかったので、みんなとまどったものでした。あいさつは、それぞれの民族が持っている「独自の文化の形」なのです。

画像 26

第2章　あいさつがわからない
―異文化コミュニケーション レベル1

1. ねらい
コミュニケーション・ギャップの体験から、文化には固有の習慣や価値観があることを理解する。

2. 時　間
10分（あいさつのアクティビティ）

応用編：30分（世界のあいさつ、食事などを探究する）

3. すすめ方
1) 参加者は、3つのグループ（ひょうたん、カチコチ、パラダイス）に分かれる。
2) 役割カード（「あいさつがわからない」）を配る。（3グループに分け、最初からカードを配っておくこともできる）。
3) カードの指示に従ってあいさつ行動をする。
4) 時間を決めて（10分ほど）途中で終わる（たとえば、10人以上の人とあいさつできたら、席に戻りましょうということもできる）。
5) 活動の感想を述べ合う。
6) 3つのグループのあいさつ行動を紙芝居ツール、もしくは動画版で確認し、この場面における問題とは何かを考える。
7) さまざまなあいさつや非言語身体表現など異文化接触の実際の事例を提示して、問題の理解を深めることもできる。

4. あいさつの役割カード

A あなたはひょうたん人です。

　あなたのあいさつは「軽く微笑んで静かにおじぎをする」ことです。相手も「軽く微笑んで静かにおじぎ」をしてくれるまで親しくしてはいけません。それ以外の変な行動をされると「微笑み」をやめてその場を立ち去ります。

B あなたはカチコチ人です。

　あなたのあいさつは「両手を広げて大きな声で『カチコーチ！』と叫ぶ」ことです。相手も「両手を広げて大きな声で『カチコーチ！』と叫ぶ」まで、両手を広げて大きな声で「カチコーチ」と叫び続けます。相手が逃げようとすると追いかけてあいさつを続けます。ただし深追いはしません。

C あなたはパラダイス人です。

　あなたのあいさつは「満面の笑みをたたえて握手をし、相手を抱きしめる」ことです。相手が「満面の笑みをたたえて握手をし、抱き合って」くれなければ、どうしてというような困った表情をしてその場を去り、違う相手にあいさつを繰り返します。

※ CD-ROM に収録されている
実際のカードは**画像 27** です

画像 27

5. 紙芝居ツールと読み聞かせ（朗読）、もしくは動画版の視聴

紙芝居ツールのダウンロード

ファイル名：（2）あいさつがわからない（2-greetings）

https://www.akashi.co.jp/files/books/5155/2-greetings.zip

 動画視聴はここにアクセス

藤原孝章『ひょうたん島問題』動画版「あいさつがわからない」

https://youtu.be/dvx-eyAsywY

1 ひょうたん人のあいさつは「カルバー！」と声をかけてあいさつをし、にっこり、微笑んで、おじぎをします。

画像28

2　目上の人に対する敬意を表すあいさつや、感謝の気持ちをこめるあいさつは、上半身を60度か90度に折って、深く、ていねいなあいさつをします。

画像29

3　カチコチ人のあいさつは、「カチコーチ！」と大きな声で呼びかけ、両手を、バンザイをするように上にあげて広げるのが作法です。婦人や老人は、肩の高さに両手をあげてあいさつをします。

画像30

4 パラダイス人は「デュコ！」と声をかけてあいさつをします。そして、両手で握手し、その後、お互いの身体を両手でしっかりと抱き合う、親しみをこめたあいさつをします。

画像31

5 ごく親しい友人同士、男女間、また、先輩・後輩の間柄などでのパラダイス人のあいさつは、両手の使い方がそれぞれに違います。

画像32

6. すすめ方とふりかえり、ここがポイント

　簡単なあいさつでも、同じあいさつに出会った時の安心感や異なるあいさつに出会った時の違和感が出てくるので、ふりかえりでは、それをとりあげるとよい。写真にあるように、実際に「なりきりであいさつ」すると意外に楽しく、アイスブレーキングになる。ただし、中学生から大学生ぐらいの世代では、異性を意識するので、パラダイス人のあいさつには抵抗感があって実際は同性であいさつをやることが多い。初対面の人が多く参加する市民講座の研修などでは、パラダイス人のハグ（抱き合い）型あいさつには抵抗があるので手を握る程度にとどめておくように事前に伝えておいてもよい。

教員研修で、2005年8月筆者撮影

自治体職員研修で、2015年5月筆者撮影

大学で、2006年5月筆者撮影

中学校で、2006年2月筆者撮影

　現実との対応でいえば、最近は、インバウンドの観光客やコンビニ・飲食店の店員、学校で学ぶ外国にルーツを持つ子どもなどに具体的に出会うことも多いので、言葉の壁や多言語など言語的コミュニケーションへの意識付けを行うことも重要である。

　たとえば、感謝の言葉として、ありがとう・おおきに（日本）、謝謝・多謝（中国）、カムサハムニダ（韓国）、カップンカップ・カップンカー（タイ）、サンキュー（英米）、ダンケ（ドイツ）、メルシー（フランス）など多言語の現実を紹介

してもよい。

　また、おじぎ型あいさつは日本など東洋で見られるし、ハグ（抱き合い）型あいさつは、欧米で見られるなどの例も示せるだろう。

　応用編としては、世界のいろいろなあいさつを調べる活動を取り入れることができる。世界のあいさつに関する本は、長新太作・野村雅一監修（1989）『世界のあいさつ（みるずかん・かんじるずかん）』（福音館書店）に詳しい。

　また、次の「ひょうたんカーニバル」の場面へのつながりのために、世界の諸民族の食事や遊び、生活用品や文化財、工芸品など、生活習慣のなかの民族や文化圏による違いや多様性を知ることも面白い。

　世界の家族や食事については、少し旧いが『地球家族―世界30か国のふつうの暮らし』（マテリアルワールド・プロジェクト著、近藤真理, 杉山良男訳、TOTO出版、1994年）や『地球の食卓：世界24か国の家族のごはん』（ピーター・メンツェル, フェイス・ダルージオ著、みつじまちこ訳、TOTO出版、2006年）がわかりやすい。『せかいの図鑑』（中山京子監修、小学館、2006年）なども活用することができる。国立民族学博物館では、スーツケースに詰めたアウトリーチ型教材『みんぱっく』を作成し、貸し出している（https://www.minpaku.ac.jp/research/sc/teacher/minpack/index）。それらは博学連携の学習としても活用されている。

第3章 カーニバルがやってきた
―祝祭と労働 レベル2

1. ねらい

　勤労に対する価値観の違いが、文化的なシンボルの受け入れをきっかけに社会問題となることを理解する。違いを認めることはできても、それが自らの生活をおびやかす場合、社会問題を背景に文化対立が生じることに気づく。

2. 時　間

　55〜60分（ストーリー理解10分、作戦タイム10分、ロールプレイなど15〜20分、ふりかえり20分）

　応用編：50分

3. すすめ方

1）　紙芝居ツール、もしくは動画版を使って、「カーニバルがやってきた」の問題状況を理解する。

2）　5人1組のグループに分かれる。

3）　役割カード（「カーニバルがやってきた」）を配る。

4）　役割を決める（5人の人物、役割）。

　　　A. ひょうたん文化保存会会長

　　　B ひょうたんカーニバル実行委員（進行役も兼ねる）

　　　C. カチコチ文化協会代表

　　　D. ひょうたん大学教授（「ひょうたん新聞記者」でもよい）

　　　E. カチコチ人労働者協会代表

5）　作戦タイム：同じ役割どうしが集まって、それぞれの役割・立場を理解する。

6）　最初のグループに戻って、それぞれの立場に立って、なりきりでロールプレイをする。

論点は、カチコチ人はカーニバルに参加すべきかどうか、である。

※話し合いが時間内にまとまらなくてもよい。

7) ふりかえり：ロールプレイを終えた後、5人の立場を紙芝居ツールで確認しながら、役割から離れ、ロールプレイの際の気持ちやプレイへの参加の態度などについて、グループで出してみる。また、対立を少なくする方法についても話し合う。

8) 応用編：国際交流イベントや市民まつりなどにおける外国人の参加など実際の事例を提示しながら、問題の理解を深め、問題解決のための話し合いをすることもできる。さらには、外国人労働者の働く現実（非正規雇用、技能実習など）についても話題を深めることがあって良い。

4. 紙芝居ツールと読み聞かせ（朗読）、もしくは動画版の視聴

紙芝居ツールのダウンロード

ファイル名：（3）カーニバルがやってきた（3-carnival）
https://www.akashi.co.jp/files/books/5155/3-carnival.zip

動画視聴はここにアクセス

藤原孝章『ひょうたん島問題』動画版「カーニバルがやってきた」
https://youtu.be/cLI3MRamwho

1 ひょうたん島にわたってきたカチコチ人たちは、とにかくよく働きます。彼らは、土曜、日曜、祝祭日などに関係なく、毎日、休まずに働き続けるのでした。故郷のカチコチ島の親族や同胞に仕送りをしなければならないからです。

画像33

2 働き者のカチコチ人たちは、ひょうたん人たちが敬遠しがちな重労働も引き受けるので、ひょうたん人にとってはありがたいことでした。ひょうたん人は、勤勉でよく働くカチコチ人に感心し、敬意を払うのでした。

画像34

3 しかし、ひょうたん島にわたってくる働き者のカチコチ人が増えてくると、彼らは、ひょうたん人の職場やビジネスの分野へ、どんどん進出してくるようになりました。

画像 35

4 そして、カチコチ人たちが、ひょうたん人のパートタイムの仕事まで独占するようになってくると、ひょうたん人は日ごとに反感さえ抱くようになってきました。

画像 36

5 ひょうたん島あげてのお祭り、「ひょうたんカーニバル」の日がやって来ました。ひょうたん島のすべての人々は、このカーニバルを、一年中で最大の国民のよろこびの日として祝うのです。

画像37

6 ひょうたん島の若者たちは、先端的な「ひょうたんルック」で精一杯おしゃれをして、カーニバルでにぎわう街へとくりだします。

画像38

7 カーニバルのメインイベントは、ひょうたん島の文化を象徴する「ひょうたんコンテスト」です。ところが、このカーニバルのにぎわいに、カチコチ人は誰一人として参加していません。一方、パラダイス人は、元来、お祭り好きなので、多くの人たちが参加しています。

画像39

8 カーニバルを報じるひょうたんテレビ放送局は、カーニバルに参加しないカチコチ人を番組のメインテーマに取り上げ、「カチコチ人は、ひょうたん島の国民的なお祭りに参加せず働いている！けしからん！」「ひょうたん文化を侮辱している！その態度は許せない！」と社会問題としてカチコチ人を非難するのでした。

画像40

9 仮想会議。ひょうたん人とカチコチ人のそれぞれの団体の代表者が一堂に集まって会議が開かれました。

※動画版にはこの場面はありません

画像41

5. 役割カードの内容

A ひょうたん文化保存会会長

・あなたはひょうたん文化の伝統を守る立場にあります。また、ひょうたんカーニバル後援会長でもあります。ひょうたん文化を代表して、カチコチ人をひょうたん人にしてください。

・この問題に対するあなたの意見は「カーニバルに参加しないカチコチ人はこの島で暮らすべきでない」です。

・あなたの発言例は以下のようなものです。

「カーニバルは、ひょうたん文化のシンボルである。ひょうたんテレビ放送局も言うように、これは島のシンボルに対する挑戦である。この島の文化を受け入れられないなら、カチコチ人は島から出ていくべきだ。もし出ていきたくないのなら、ひょうたん文化を身につけるべきだ。カチコチ人は、ひょうたん語さえしゃべれず、『ひょうたん』を『ぴーたん』と言う始末だ」です。

画像42

43

B ひょうたんカーニバル実行委員

- あなたは、カーニバルの実行委員で、この話し合いの進行役も兼ねています。カーニバルは、ひょうたん文化のシンボルであり、島あげてのお祭りなので、ぜひ成功させる必要があります。あなたは、カチコチ人の参加をできるだけ促そうとします。

- この問題に対するあなたの意見は「ひょうたん人もカチコチ人も、へだてなくカーニバルには参加すべきだ」です。

- あなたの発言例は以下のようなものです。

  「カーニバルは島の大切な祭りな

画像43

ので、すべての仕事を休みにして、カチコチ人も参加できるようにする。参加者には懸賞金付き参加券を配れば、お金第一のカチコチ人も参加できる」です。

C カチコチ文化協会代表

- あなたは、カチコチ人の生活習慣や文化を守ろうとします。特にひょうたん島では、少数派なので、その気持ちが強くなっています。あなたは、ひょうたん人が彼らの習慣や文化を押しつけるのに強く反発します。

- この問題に対するあなたの意見は「カーニバルはひょうたん人の祭りである。文化も伝統も違うカチコチ人は参加する必要はない」です。

- あなたの発言例は以下のようなものです。

  「カチコチ人には勤労感謝の日があるので、ひょうたんカーニバルには参加する必要はない。それに、私たちはパートタイムの安い仕事をして、ひょうたん人の豊かな生活を支えている。休みなく働くしかない。ひょうたん島の文化は豊

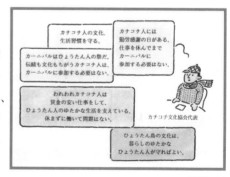

画像44

かな彼らが守ればよい」です。

D ひょうたん大学教授

・あなたは、大学でひょうたん憲法を教えています。憲法の精神、ひょうたん人の良心に従って、個人の人権を擁護します。

・この問題に対するあなたの意見は「カーニバルへの参加は個人の問題だ」「マスコミは問題の扱いに注意すべきだ」です。

・あなたの発言例は以下のようなものです。

画像45

「ひょうたん人もカチコチ人もそれぞれ違った文化を持っており、価値観も異なっている。両者は平等に評価されるべきである。ひょうたん憲法に照らせば、個人の権利が優先されるべきであるから、カーニバルに参加する、しないは個人の問題である。ひょうたんテレビ放送局は、カチコチ人のカーニルバル不参加を社会問題として取り上げているが、お祭りに対する考え方や勤労に対する価値観など文化の価値は本来平等なもので、これを問題にするのは、多数派が、少数派に対して、自文化を押しつけ、正当化しようとするものである」です。

E カチコチ人労働者協会代表

・あなたは、カチコチ人の労働者の権利を擁護するために仕事をしています。あなたの仕事の当面の目標は、カチコチ人の労働者の待遇改善です。

・この問題に対するあなたの意見は「カーニバルへの参加よりもカチコチ人の労働条件の改善を優先する」です。

画像46

・あなたの発言例は以下のようなものです。

「カチコチ人は、ひょうたん人とは違った価値観を持っている。私たちも勤労に対する習慣はあるから、カーニバルは理解できるし、また参加もしたい。しかし、この島では少数派に属するため、安いパートタイムの仕事しかない。私たちの働きぶりを認め、フルタイムにして給料を上げてくれれば参加できる」です。

参考 ひょうたん新聞記者（実際のロールプレイには参加しない）

・あなたの発言例は以下のようなものです。

「ひょうたんテレビ放送局は、カチコチ人のカーニバルへの不参加を"社会問題"として取り上げている」「マスコミは、このカーニバルの問題の扱いに注意すべきだ」「カーニバルや勤労に対する考え方や価値観など、文化の価値は、本来平等なものだ」「カーニバルへの参加は、個人の問題なのか、文化の問題なのか、明確にすべきだ」「カチコチ人の不参加を問題にするのは、少数派に対して文化的な同化と支配を正当化するもので、まちがっている」です。

画像47

6. すすめ方とふりかえり、ここがポイント

・『ひょうたん島』の設定では、レベル1の「あいさつがわからない」は小学校高学年以上から授業で活用が可能である。レベル2の「カーニバルがやってきた」は、祝祭などのイベントや行事をテーマにしているので、中学生以上に可能である。ただし、カーニバル（お祭りやイベント）のみの課題に着目すれば、小学校高学年でも可能である。

・ロールプレイをすすめていく場合、重要なのは作戦タイムである。指導者が役割カードについて、説明したり、各グループで確かめたりして、人物理解が深まるからである。

・話し合いのテーマでは、カ
チコチ人は仕事を休んで
カーニバルに参加すべきか
否か、がメインであるが、
小学校などでは、「どの島
の人もみんなが心配なく
カーニバルに参加するため
にはどうしたらよいか」と
いうテーマでもよい。

大学で、2017年5月筆者撮影

・ふりかえりでは、現実、共
生モデルを参考に、コミュニティや地域での交流イベント参加か、働き方の
問題か、二つの視点から考えていくようにしたい。

7. 現実、共生モデル

・「カーニバルがやってきた」の場面は、現実には、社会における労働と文化
（祝祭）に関する参加の課題がある。

・現実には、それぞれの民族の文化的アイデンティティを尊重した催しは多く
ある。よさこいソーランや阿波踊り、神戸まつりなどでも、外国人の参加も
あり、多文化の交流は進んでいる。自治体などの国際交流センターでは、料
理教室などを開いて、各国の民族料理などを紹介し合う交流イベントがある。
留学生が増えている大学では国際交流イベントも開催している。学校の授業
ではこのような事例を調べて発表するとよいだろう。

・筆者の経験でいえば、ロールプレイを行なった活動後の問題解決のあり方を
探る話し合いでも、ひょうたんカーニバルの期間を長くし、パラダイスやカ
チコチの文化を紹介する日を設けるなどの提案があり、文化の交流と複合化
への視点も見えている。

・最近の自治体では、多文化共生のまちづくりの推進のために、都道府県や市
町村の公式ウエブサイトに、ポルトガル語、ハングル、中国語、英語、スペ
イン語などの多言語表示があり、生活情報、イベント情報、災害情報が得ら
れるようになっている。多言語で放送する地域コミュニティFM放送も多
くなっている。関西では、大阪の「FMこころ」や神戸の「FMわぃわぃ」が

有名である。

・この授業場面のねらいの一つは、国際親善や国際交流に関わる考え方として、食事や民族衣装、お祭りなど、いわゆる3F（Food, Fashion, Festival）に着目し、民族文化の固有性、相対性をとりあげ、社会参加への平等の機会の課題を考える点にある。

・しかしながら、結果として、社会参加（この場合は、カーニバルへの参加）が平等でないことがあり、それは働き方や収入といった就労条件に格差があること、つまり、マジョリティとマイノリティという社会関係の視点から問題を捉えていくことも重要である。

・日本では、住民登録をし、日本で働き、暮らしている外国人の多くが、「技能実習」やアルバイトなどの資格外活動（留学生）の枠の中で、非正規雇用もしくは低賃金労働の職場におかれ、不安定な就労条件におかれてきた。改定入管法（2019年4月施行）で定められた「特定技能」の就労においても同様の課題がある。

・このような社会的現実は、カーニバルなどのイベントのみならず、集合団地など地域コミュニティにおける参加意識（自治会の組織化や生活時間のズレ）やコミュニケーション不足（たとえば、ごみ出しルール）の葛藤要因になっている。

（日本人移民の経験）

・なお、歴史的には、ハワイの日本人移民は、あたかも「カチコチ文化協会代表」のように、寺院や神社を日本から移設し、礼拝、参拝するとともに、天皇誕生日、新嘗祭、正月などの祝祭日を守り、アメリカ社会（支配層）から同化不可能民族と見なされたことも付記しておきたい。勤労への価値観においても、安息日を信仰するキリスト教系欧米社会では、「休日も返上して休みなく働く民族である」という印象（偏見）が、東洋系（中国、韓国、日本など）系移民に対してあった。

第4章 ひょうたん教育の危機
―教育の国際化 レベル3

1. ねらい

　言葉や教育における価値観の違いが、多数派による文化的同化を強めていき、一方で、少数派による違いの主張が明確になり、文化の対立となり、社会問題に発展していくことに気づく。

2. 時　間

　50 〜 70分（ストーリー理解10分、作戦タイム10分、ロールプレイ10 〜 15分、ランキングなど10 〜 15分、ふりかえり10 〜 15分）

　応用編：50分

3. すすめ方

1) 紙芝居ツール、もしくは動画版を使って、「ひょうたん教育の危機」の問題状況を理解する。

2) 5人1組のグループに分かれる。

3) 役割カード（「ひょうたん教育の危機」）を配る。

4) 役割を決める（5人の人物）

　　A：ひょうたん教育委員会委員長

　　B：パラダイス学校建設運動協議会代表

　　C：ひょうたん学校教員

　　D：カチコチ経済人連合会代表

　　司会・調整役

5) それぞれの役割・立場を理解するために作戦タイムを設ける。同じ役割どうしが集まって、「なりきりロープレイ」をするための登場人物の理解を深める。指導者は、各人物のコーナーに出向いて、その人物の発言の主旨などを助言する。

作戦会議の様子（大学で、2007年5月筆者撮影）

ロールプレイ（大学で、2017年5月筆者撮影）

6) 最初のグループに戻って、それぞれの立場に立って、「ひょうたん教育の危機」をめぐる話し合いを行う。司会・調整役の役割は、グループ内の全員が発言できることにつとめ、必ずしも中立である必要はないし、性急に解決策を求めなくてもよい。むしろそれぞれの人物の主張を引き出し、妥協や調整を引き出しながら、議論の空間を作る。その方があとのふりかえりに生きてくる。議論は10分から15分が目安である。

7) 9つの政策カードを配り、9つの政策について説明する。

1. ひょうたん文化優先
2. パラダイス学校不可
3. 外国人排除
4. 外国人のための国際学校設置
5. パラダイス学校設置
6. 外国人補助教員配置
7. 教師養成や教員研修機関で外国語履修
8. 「国際理解」教室設置
9. 文化の多様性を理解するためのカリキュラム改革

8) ランキングを行う。役割を離れて同じグループで、政策カードの優先順位を探る話し合いをし、理想的な（対立を少なくするような）ランキングを出してみる。ランキングは、「ダイヤモンドランキング」の手法を用いる。進行役は、「司会・調整役」が引き続いて行う。図のように、「よい、ややよい、ふつう、やや悪い、悪い」の5段階に9枚のカードをダイヤモンド型

にして配置するものである（通常の順番に並べるランキングは、「はしご型ランキング」という。これだと9枚のカードの順番が複雑になる）

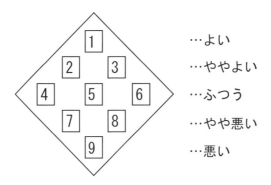

```
          1      …よい
       2     3   …ややよい
     4    5    6 …ふつう
       7     8   …やや悪い
          9      …悪い
```

9) 各グループで出来上がったダイヤモンドランキングを出してみる。

政策ランキング（大学で、2017年5月筆者撮影）

[ふりかえり]

10) ロールプレイを終えた後、5人の立場を画面で確認しながら、役割から離れ、ロールプレイの際の気持ちやプレイへの参加の態度などについて、グループで出してみる。

11) 各グループのランキングを発表し、全体で共有する。その際、最上位と最下位のカード、最も議論になったカードなどに注意する。

12) 応用編：外国人学校、国際学校など実際の事例を提示しながら、問題の理解を深めたり、問題解決のための話し合いもすることもできる。

4. 紙芝居ツールと読み聞かせ（朗読）、もしくは動画版の視聴

紙芝居ツールのダウンロード

ファイル名：（4）ひょうたん教育の危機（4-education）
https://www.akashi.co.jp/files/books/5155/4-education.zip

動画視聴はここにアクセス

藤原孝章『ひょうたん島問題』動画版「ひょうたん教育の危機」
https://youtu.be/ohhyVoJ0IOE

1
「とっくり地区」に住みついたパラダイス人は、根っからののんびり屋さんです。働き者のカチコチ人とは対照的に、短時間のパートタイムや不定期の、ごく簡単な仕事にしかつきません。その日暮らしができれば十分だ、と昔から伝えられてきたのです。

画像48

2 しかし、その簡単な仕事さえ、カチコチ人に奪われてしまうありさまです。パラダイス人は、しかたなく、昼間から街をぶらぶらしたり、中には、ふるさとの習慣で、「昼寝」をする人もいます。そんなパラダイス人を、ひょうたん人は「怠け者」と、印象の良くない評価をしています。

画像49

3 パラダイス人の家庭は、子どもの数が多い大家族がほとんどです。そして、とっくり地区にあるひょうたん学校へ入学してくるパラダイス人の子どもたちが、急激に増えてきました。

画像50

4 ひょうたん学校へ通ってくるパラダイス人の子どもたちは、授業中でも平気で昼寝をするので、先生は困っています。ひょうたん人やカチコチ人の子どもたちは、「パラダイスの昼寝野郎！」とパラダイス人の子どもたちを軽べつします。

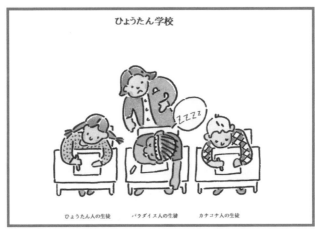

画像51

5 パラダイス人の子どもたちは、昼寝をするだけではありません。ひょうたん語を理解しようとせず、満足に話すこともできません。そのために、授業内容もわからないことが多く、面白くないので、パラダイス人の子どもたちは、校則を守らず、あまり学校にも行かないことが多くなりました。

画像52

6 パラダイス人の親たちは、難しいひょうたん語を、苦労して覚えて、子どもたちの成績が上がってほしい、などとは、決して考えてはいないのでした。

画像53

7 それよりも、パラダイス人の文化を守るために、パラダイス人の子どもたちを教育する「パラダイス学校」を創設しようと運動を始めました。

画像54

8 一方、よく働いて経済力を蓄えてきたカチコチ人たちは、ひょうたん教育委員会に、ひょうたん学校のカリキュラムの中に「カチコチ文化」を取り入れるよう、改善する要求を持ち込んできました。

画像 55

9 このようなパラダイス人やカチコチ人の運動を、ひょうたんテレビ放送局は、「ひょうたん教育の危機」であり、伝統ある「ひょうたん文化の危機」だと報じて、訴えるのでした。

画像 56

10 仮想会議。ひょうたん人、カチコチ人、パラダイス人のそれぞれの団体の代表者が、ひょうたん学校に集まって会議が始まりました。

C ひょうたん学校教員

A ひょうたん教育委員会委員長

D カナコナ経済人連合会代表

B パラダイス学校建設運動協議会代表

※動画版にはこの場面はありません

画像 57

5. 役割カードの内容

A ひょうたん教育委員会委員長

・あなたはひょうたん教育委員の代
表として、「ひょうたん文化の維
持のためにはひょうたん語の普及
が必要である」「ひょうたん島の
将来のためには、ひょうたん教育
のレベルを上げ、優秀なひょうた
ん国民の育成が急務である」
「ひょうたん島の財政のためには、
教育コストを削減すべきだ。余分
な学校はつくれない」「外国人と

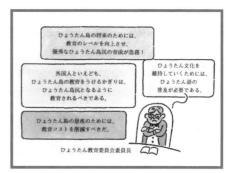

画像58

いえども、ひょうたん教育を受ける限りはひょうたん国民となるように教育
されるべきである」などと考えています。

＊あなたの立場では、たとえば①②③の政策カードが優先されます。

B パラダイス学校建設運動協議会代表

・あなたは、パラダイス学校建設運
動協議会の代表として、「パラダ
イス人の子どもが、『学力が低
く』『昼寝野郎！』といわれるのは、
ひょうたん学校の厳しいカリキュ
ラムとひょうたん語による授業の
ためである」「少数派の権利を積
極的に保護していくためには、教
育の機会均等と十分な学力保障が
必要である。その意味で、パラダ

画像59

イス人学校は認められるべきである」などと考えています。

＊あなたの立場では、たとえば④⑤の政策カードが優先されます。

C ひょうたん学校教員

・あなたはひょうたん学校教員として、「ひょうたん島の子どもが、学校の教科や活動の時間に、カチコチ文化やパラダイス文化を学ぶことはとてもいいことである」「ひょうたん語のわからない子どものために、パラダイス人やカチコチ人のひょうたん語教師を育成すべきである」「マイノリティとはいえ彼らの文化的権利は認めら

画像60

れるべきで、ひょうたん学校にカリキュラム外の補習教室を設けて、パラダイス人やカチコチ人のために、言葉や文化を学ぶ機会が与えられるべきである」などと、考えています。

＊あなたの立場では、たとえば⑥⑦の政策カードが優先されます。

D カチコチ経済人連合会代表

・あなたは、カチコチ経済人連合会の代表として、「ひょうたん教育は、ひょうたん文化だけを尊重するもので、硬直している」「マイノリティ文化もマジョリティ文化と同等に認められるべきである」「ひょうたん教育の活性化のためには、ひょうたん経済に貢献しているカチコチ人の文化も学ぶべきである」「ひょうたん教育もカリ

画像61

キュラムを改善し、カチコチ・コースを設定し、すべての子ども（特にカチコチ人の子ども）がカチコチ語・文化を学べるようにする」などと考えています。

＊あなたの立場では、たとえば⑧⑨の政策カードが優先されます。

司会者・調整役

・あなたの役割は、4人の立場の違う人たちの話し合いの司会をし、対立する利害を調整し、政策の優先順位を決定することです。あなたの考えに従って、適切な助言を与えてください。しかし、限られた時間の中で、決定することが不可能な場合があってもかまいませ

画像62

ん。なぜ不可能になったのか、グループで考えてふりかえってください。

6.「ひょうたん教育の危機」を救う9つの方法 (ランキング)

それぞれの立場に従って議論し、下記の施策について優先順位をつける。

①ひょうたん文化の理解をすすめ、ひょうたん人としての自覚を高める。

②パラダイス人学校は認められない。

③外国人はひょうたん教育から排除する。

①ひょうたん文化の理解をすすめ、ひょうたん人としての自覚を高める。	②パラダイス人学校は認められない。	③外国人はひょうたん学校から排除する。
④外国人のために、国際学校をつくる。	⑤ひょうたん学校とは別に、パラダイス人学校をつくり、パラダイス人教育をすすめる。	⑥すべてのひょうたん学校に、外国人担当の補助教員を配属する。
⑦ひょうたん学校の教師になろうとするひょうたん人学生に対して、外国語・文化理解の単位を必修にする。	⑧カリキュラム外で、カチコチ文化やパラダイス文化を教える「国際理解教室」を設ける。	⑨ひょうたん学校のカリキュラムを改善し、外国文化学習コースを設置する。

画像63

政策ランキングカード。人数分を用意し、破線に沿って切り離して使用

④外国人（特にカチコチ人）のために国際学校をつくる。ただし、ひょうたん人の入学を拒まない。

⑤ひょうたん学校とは別に、パラダイス人学校を設け、パラダイス人教育をすすめる。

⑥すべてのひょうたん学校に外国人（カチコチ人・パラダイス人）担当の補助教員（ひょうたん語ができる外国人）を配属する。

⑦ひょうたん学校の教師になろうとするひょうたん人学生に対して、外国語・文化理解の単位を必修にする。

⑧時間割外で（放課後に）、カチコチ文化やパラダイス文化を教える「国際理解教室」を設ける。

⑨ひょうたん学校のカリキュラムを改善し、時間割の中に多文化学習コースを設置する。

［注］
・国際学校は、「島のすべての人」が学べる学校として設定している。
・カリキュラムという言葉は、中学生や高校生にはなじみが薄いので、教育内容や勉強する内容と言い換えるとよい。カリキュラム外とは正規の授業のない放課後と考えてよい。

7. すすめ方とふりかえり、ここがポイント

・ロールプレイでの話し合いのテーマは、「ひょうたん教育の危機をどう解決するか」もしくは「パラダイス人学校は認められるか」である。

・ここでもしっかりと作戦タイムをとって、人物理解を深めることが大切である。

・グループでの話し合いは、15分ぐらいを費やすが、結論を出す必要はない。

・なりきりロールプレイのあと、役割を離れて政策ランキングを行う。時間は15分くらい。政策カードは、各登場人物の発言に基づいたものになっているので、ロールプレイでの議論が活発であればランキングのための話し合いもスムーズにいく。また、各登場人物が、優先する政策は何か、その主張の理由は何か、各人物の根拠とする考え方は何かを考えるようにしたい。

・『ひょうたん島問題』を使った講演・ワークショップでは、このレベル3の場面がもっとも回数が多い。教員研修の講座に呼ばれることが多いので、外

国人の子どもが学校で直面する問題、あるいはこれからの多文化社会における学校の課題を考える題材として最適だからだ。外国にルーツを持つ子どもが多くなっている最近の事例を踏まえ、将来、教員をめざす学生にも必要である。

・当事者 (外国にルーツを持つ子ども) がいる教室で行う場合は、架空の世界でのシミュレーションであっても、使用言語 (日本語での話し合い) の習熟度や状況として当事者性がかかわってくるので、すすめ方には配慮が必要である。

・むしろ、マジョリティの子ども (児童生徒) や学生、市民に対する多文化社会の理解、多文化共生のための教育として、この題材は効果的といえる。

[ふりかえり]
・教育政策のランキングにおいては、役割を離れて議論すると、参加者のメンバーによって、面白い結果が得られている (理論編も参照)。
(理想型ランキング)
・1つめは、政策カードの⑨、⑧、⑦、⑥が上位に来る「理想型」である。立場で言えば、「ひょうたん学校教員」や「カチコチ経済人連合会代表」の発言、主張に相当するもので、普遍主義や差異派反人種主義 (多文化主義) に価値付けを求めるものである。高校生、学生や市民、若い教員の多くは、このランキングを選ぶ。これは、現在の日本の市民や若者の考え方が、一般的には、同化や排外主義 (カード①②③) や分離主義 (カード④⑤) を選ばず、リベラルな志向という意味では、日本社会の成熟を示しているともいえる。もっとも、指導者 (教師) の意向に沿うような結果や参加者自体がすでにそのような考え方を持った人々であるという辛辣な評価も可能である。

(現実型ランキング)
・2つめは、政策カードの④、⑤が上位に来る「現実型」である。立場で言えば、「パラダイス学校建設運動協議会代表」の発言、主張に相当するもので、普遍派反人種主義 (多数派の同化に対する差異化) に価値付けを求めるものである。このカードをランキング上位に選択するグループは、外国人生徒の進路保障など人権教育に取り組んでいる教員やNGOである。多数派の同化に対する反発として、一見、分離主義に見えるが、現実に差別や人権の侵害に直面している外国人生徒と向き合っている教員は、いわゆる「民族学校」や「国

際学校」の方が、同化主義が優位な一般学校よりは、より自由であり平等性が保障されると考えるのである。

・現実にも、在日コリアンの民族学校、ブラジル人学校、アメリカンスクールなどのインターナショナルスクール、あるいは公立学校でも「国際高校」や帰国生徒の受け入れ専門校（国際学校）がある。最近では在日コリアンの「国際学校」も設立されている。また、海外でも日本人学校があるし、歴史的にも、日本人移民の「日本語学校」もあった。

・「理想型」を選択したグループには、こうした事例や事実を示して、果たしてどちらが日本社会にとって、外国人にとっていいかを、再考するようにすすめるのである。教育では、普遍主義の観点から、＜ひょうたん人もカチコチ人もパラダイス人も＞みんな平等に教育の機会が与えられるべきであるとするのは、機会の平等を優先しているのであって、外国にルーツを持つ子どもたちの学びにくさや日本語学習を保障せずに「みんな平等」は、結果として不公平な結果になってしまうことにも気づいていきたい。外国人学校などで母語を共通にする子どもたちのコミュニティのもとでの学習を保障するような、結果の平等を重視する公正の概念も重要である。

（国民統合型ランキング）

・3つめのタイプは、まれなケースだが、外国人（アメリカ人）の若者が交じったワークショップでのことである。彼のいたグループでは、政策カードの①が上位に来たのである（「ひょうたん教育委員会委員長」の主張で、普遍派人種主義の価値にもとづく）。この選択は、私自身も意外であったのだが、移民がその民族性をすてて、あたらしい「国民」となる、という普遍主義のよいとこ

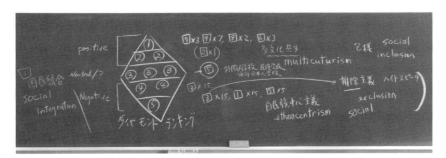

ランキングのふりかえり（大学で、理想型を示している、筆者撮影）

ろを選んだと思える。いかにもアメリカ人らしい選択といえよう。イスラム
のスカーフ問題で有名なフランスでも「共和国の国民」となることを要求す
るのは、この普遍主義にもとづくといえる（もっとも、現実には多数派への同化
を伴うことが多い）。

・最近、外国にルーツを持つ若者、特に国際結婚などダブルやミックスのエス
ニック・アイデンティティを持つ日本国籍の若者の中には、新たな「ニッポ
ン人」像を模索する事例もワークショップにおいて筆者は経験している。

8. 現実、共生モデル──外国人の子どもに対する学習支援

［政府］

・文部科学省の調査によると、日本語指導が必要な外国にルーツを持つ子ども
は2018年現在、総数約5万人で、そのうち外国籍の子どもは約4万人、日
本国籍の子どもは約1万人である。外国籍の子どもの母語は、ポルトガル語、
中国語、フィリピノ語、スペイン語が大多数である（全体の8割近く）。日本
国籍を持つ子どもの母語はフィリピノ語である（全体の3割）。要するに、日
系ブラジル人、日系中国人および日系ペルー人など南米系日系人の子どもで
あり、2009年の国籍法改正以後来日した日本国籍を持ったフィリピンルー
ツの子どもである（資料編参照）。

・学校種別では、外国籍の子どもの場合、小学校、中学校で、約3万6千人、
全体の9割を占めている。日本国籍の子どもの場合も、約9600人で全体の
9割以上を占める、双方とも圧倒的に義務教育段階に在籍している。このよ
うな子どもたちが多い学校では、日本語教室（国際教室と呼ばれることもある）
をもうけて、日本語指導が必要な子どもを取り出し、学習の補助を行ってい
る。しかし、全国的には、「5人未満」の学校が全体の8割近くを占め、教
室の中での日本語指導を始めとするインクルーシブな教育が課題となってい
ることがわかる。（文部科学省、「日本語指導が必要な児童生徒の受入状況等に関す
る調査（平成30年度）、2020.05.17閲覧）。

・日本語指導の重要性に鑑み、文部科学省では、「特別の教育課程」において
学校における日本語指導を位置付けている。外国にルーツを持つ子どもが多
い愛知県の愛知教育大学では、教員養成の学生に「外国人児童生徒支援教
育」の必修化や日本語教育選修を設けている。（公益社団法人）日本語教育学

会（2020）では、文部科学省の委託を受けて『外国人児童生徒等教育を担う教員の養成・研修のための「モデルプログラム」ガイドブック』を作成するなどの取り組みを行っている。

・また、日本語教育推進法の成立（2019年6月）を踏まえ文化庁を中心に、外国人および外国にルーツを持つ子どもたちの日本語習得の機会の推進と多文化社会の実現を図ろうとしている。

[外国人の雇用形態と子どもの就学状況]

・公立学校における外国人の子どもの受け入れは、日系人の雇用や就労の実態と深く関わっている。愛知県や静岡県、群馬県、長野県、三重県、滋賀県など自動車・電機・IT産業など、景気が良く、大量の雇用がある場合、公団住宅などの住宅施設が整っている地域に、生活情報のネットワークもあって、集住することが多い。したがって、教室の、2割、3割が外国人の子どもで占められる小学校が多い（7割、8割を占める学校もある）。他方、地方都市の中小企業のコスト維持の

ブラジル人学校（浜松市、ムンド・デ・アレグリア学校、2017年2月筆者撮影）

ために低賃金労働を担う雇用もあるので、日系人の就労は、全国的になっている。そのような地域では、学校に数名程度の在籍になってしまう。それが「5人未満」の学校が8割近くを占める原因である。このような学校（特に1、2名の在籍）では、外国人指導員も派遣されず、日本語の指導が十分に行われない。

・とはいえ、集住地域における外国人の子どもの日本語指導は、緊急の課題であるので、文部科学省は、最近は、JSL（第二言語としての日本語）の観点から、教科書づくりなど学校における学習支援をすすめようとしている。

・日系人をはじめとするニューカマーの外国人の雇用は、多くの場合、1、2年といった短期の契約更新が主である。景気の波によって左右されるし、また彼らの情報ネットワークで少しでも条件のいいところへの移動もある。こ

のため、転校が多く、学校での在籍期間も短い。

・外国人の子どもの保護者は、現在の日本の法律では、就学義務がないため、子どもは、学習の困難から学校に行かなかったり、不登校になったりすることも多い。したがって、文部科学省の統計は、学校が把握する限りであるので、実際は統計以上に日本語が不十分な外国にルーツを持つ子どもがいる。

・日本語指導においては、日常の生活言語と学習言語の違いに着目することが重要である。日常会話ができたからといって、教科書に書かれている内容が理解できるとは限らない。学習言語の習得は、社会生活上の概念など日常会話以上に重要である。母語言語と日本語の習得レベルによっては、学習言語が両方とも不十分な「ダブル・リミテッド」になり、中学校での学びや高校への進学、ひいては大学など高等教育の機会を喪失することになりかねない。

・このような背景から、不就学・不登校は、小学校よりも日本語の学習言語の習得が格段に難しくなる中学校において多い。学校の勉強についていけないので、ドロップアウトしてしまうのである。また、中学校在籍の生徒が、高校への進学希望をもっていても高校入試を日本人生徒と同じ条件で受験し、合格することは困難である。家庭の経済的な条件が高校進学を断念させることもある。

[自治体・地域]

・自治体では、教育委員会、国際課や地域の国際化協会などが、外国人の子どもに対する学習支援として、地域の保護者やNPO、学校と連携して放課後日本語教室を開いたりしているところも多くなっている。

・ALT（外国語の補助教員）と同様に、英語だけではなくポルトガル語の補助教員（長く定住している日系人）を、各学校に派遣して、放課後教室だけではなく、授業中でも「取りだし教室」（日本語指導の国際教室）を開いている学校もある。

・また、（一般財団法人）自治体国際化協会（クレア）でも、自治体の「多文化共生のまちづくり促進事業」に助成を行っている。2013（平成25）年度から2020（令和2）年度の採択事業がホームページに掲載されている。防災、日本語教育、やさしい日本語普及、留学生支援、外国人住民の就労支援、外国人キーパースン、ソーシャルワーカー等の育成、市民ボランティア育成、健康安全相談、居場所づくりなど、教育から社会福祉、意識啓発から人材育成

など多様なジャンルで、外国人集住地域のみならず全国多数の自治体の事業が助成を受けている（自治体国際化協会、http：//www.clair.or.jp/j/multiculture/ kokusai/page_8.html　2020年5月17日閲覧）。

・私自身が講演やワークショップなどでかかわったことがある（公益財団法人）滋賀県国際協会では、ブラジルの家庭での生活雑貨や子どもたちの遊び道具、現地の写真などをスーツケースに詰め込んだアウトリーチ（持ちだし）教材『ブラジルボックス』やカード教材『カルタ"わたしん家の食事から"』を作成して、学校にいる外国にルーツを持つ子どもへの理解をすすめようとする教員の要望に応えている（滋賀県国際協会　https：//www.s-i-a.or.jp/index.php/ inquiries/lending　2020年5月17日閲覧）。

・滋賀県湖南市においても、ブラジルの子どもたちや保護者には、日本でいえば「ドラえもん」に当たる人気漫画の「モニカ」を用いて（作者のマウリシオ・デ・ソウザ氏の了解を得て）、スタンプやパンフレットを作成し、保護者への連絡や宿題の通知に活用している。

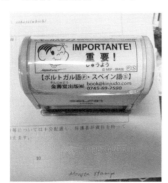

湖南市、モニカスタンプ（2018年
3月筆者撮影）

湖南市、漫画による就学指導
（2018年3月筆者撮影）

[学校とNGO・NPO]

・学校の放課後や夜間に外国にルーツを持つ子どもたちの日々の学習支援や進学保障、生活支援を行っているNPO（民間市民団体）の取り組みもある。むしろ、外国にルーツを持つ子どもが多い地域では、学校とNPOの連携が欠か

大阪市立南小学校 （2016 年 9 月筆者撮影）

NPO「大阪 Minami こども教室」（2016 年 11 月、筆者撮影）

せない。筆者が知っている範囲では、大阪市立南小学校と「大阪 Minami こども教室」（金光敏氏代表）、愛知県豊田市の東保見および西保見小学校と「子どもの国」（井村美穂代表）の連携、協力である。

・前者の、大阪の繁華街・歓楽街に位置する南小学校では、約 3 割が多国籍の子どもたちである。たとえば、学校では、運動会、入学式、卒業式などの学校行事、給食、掃除、持ち物など学校の日常についての保護者への連絡通知文書について、「やさしい日本語」を心がけたり、ひらがなを多くしたり、ルビをふったりしている。言語的な対応だけではなく日本の学校文化や日本語理解が不十分な保護者に向けて、写真やメッセージ動画を作成して配信するような試みもしている。カメラ付きの携帯型自動翻訳機を持たせて、教科書の文章を翻訳させ、理解の一助にしたり、デジタル教科書に入っているルビうち文章も活用されている。

・南小学校の取り組みと連携して、NPO「大阪 Minami こども教室」は、夜間に教室を開いて、外国にルーツを持つ子どもへの学習補助、保護者の生活相談など学校の教員では限界がある個別的な対応を行っている。管理職をはじめとした学校教員と NPO の代表、ボランティアの意思疎通も連携、協力の要因となっている。なお、「大阪 Minami こども教室」は南小学校以外の、地域の外国にルーツを持つ子どもたちへの支援もしている。

・後者は、愛知県豊田市の日系ブラジル人の集住地域である保見団地にあって、7～8割がポルトガル語を母語とする児童が在籍する西保見小学校と3割ほどが在籍する東保見小学校とNPO「子どもの国」の取り組みである。東京都新宿区の大久保小学校や大阪市立南小学校のように、繁華街・歓楽街を校区に持つ多民族・多国籍ルーツの子どもが多い学校と違って、ポルトガル語、ブラジル文化を背景に持つ子どもが多い学校では、日本語が共通言語になりにくく、学習言語の習得も遅れがちである。NPO「子どもの国」では、このような地域の課題をとらえ、学校の教員とも連携しながら、放課後の学習支援を行っている。豊田市ではNPO「トルシーダ」も同様の活動をしている。

（多様な子ども像の必要性）

・最近は、また、国際結婚が増加し、首都圏や中京、関西圏の都市では、外国人を親に持つ、日本国籍や外国籍の子どもも増えている。また、地方でも、外国人花嫁も少なくなく、「見えない」外国人の子どもも在籍するようになった。学生を含め日本の若者もすでに外国にルーツを持つ子どもと一緒に学んだ経験を持っていることが多い。「外国人マイノリティの子ども」、「ニューカマーの子ども」という一般的な「括り」では、こぼれ落ちてしまう多様な子どもの生き方、学び方がある。一人ひとりの生活誌・民族誌ともいうべきエスノグラフィックなアプローチやフィールドワークがもたらす「多様な子ども像」を獲得していくことも、民族性や文化の見方を豊かにするといえる。なぜなら、それは、日本社会における多様な市民的アイデンティティの形成に寄与するからである。

豊田市、東保見小学校（2019年3月筆者撮影）

豊田市、NPO「子どもの国」（2020年2月筆者撮影）

第5章 リトル・パラダイスは認められるか？
―居住地域とコスト レベル4

1. ねらい

多数派に対する異和が、少数派の分離主義まで発展し、居住の集住化と分離を生み、社会の安全や福祉などの財政面の課題が生まれてくることに気づく。多文化主義、多民族共生はコストがかかることを理解する。

2. 時　間

50～70分【ストーリー理解10分、作戦タイム10分、ロールプレイ10～15分、ランキングなど10～15分、ふりかえり10～15分】

応用編：50分

3. すすめ方

1) 紙芝居ツール、もしくは動画版を使って、「リトル・パラダイスは認められるか？」の問題状況を理解する。
2) 5人1組のグループに分かれる。
3) 役割カード（「リトル・パラダイスは認められるか？」）を配る。
4) 役割を決める（4人の人物、1人司会進行役）
   1) ひょうたん住民（マジョリティ）代表
   2) パラダイス住民（マイノリティ）代表
   3) ひょうたん大学教授
   4) カチコチ人ひょうたん大学学生代表
   ※司会進行役：ひょうたん政府役人
5) それぞれの役割・立場を理解するために作戦タイムを設ける。同じ役割どおしが集まって、「リトル・パラダイスは認められるか」について、その人物の立場からみた意見や考え方について理解を深める。
6) 最初のグループに戻って、それぞれの立場になりきって、「リトル・パラ

ダイスは認められるか」について、話し合いをする。各人物の発言例の下
にある優先カードの例は、あとで政策カードの検討の際に振り変えるため
であるが、あくまでも例である。

7）進行役は、それぞれの立場の意見を聞きながら、妥協や調整をすすめる。

8）ロールプレイが終わったあとで、役割を離れて話し合うための問題解決
カードとして、9つの政策カードを配る。

（ア）「リトル・パラダイス」混住団地・再開発政策

（イ）「ペタン地区」集住・企業団地政策

（ウ）ひょうたん人地区隔離・新興団地建設政策

（エ）「リトル・パラダイス」分離・財政予算配分政策

（オ）「リトル・パラダイス」保護・高福祉政策

（カ）「リトル・パラダイス」規制・社会改良政策

（キ）パラダイス人地位向上・奨学金政策

（ク）カチコチ人混住・経済活性化政策

（ケ）カチコチ人居住区新設・観光資源化政策

9）9つの政策について概略を説明する。

10）ランキングを行う。役割を離れて同じグループで、政策カードの優先順位
を探る話し合いをし、理想的な（対立を少なくするような）ランキングを出して
みる。ランキングは、「ダイヤモンドランキング」の手法を用いる。進行役
は、「司会・調整役」が引き続いて行う。ダイヤモンド型にならなくてもよい。

［ふりかえり］

11）ロールプレイを終えた後、5人の立場を画面で確認しながら、役割から離
れ、ロールプレイの際の気持ちやプレイへの参加の態度などについて、グ
ループで出してみる。

12）各グループのランキングを発表し、全体で共有する。その際、最上位と最
下位のカード、最も議論になったカードなどに注意する。

13）応用編：エスニック・タウンや外国にルーツを持つ人々が集住する地域な
ど実際の事例を提示しながら、問題の理解を深めたり、問題解決のための
話し合いをすることもできる。

※本章では、特に断らない限り「とっくり地区」を「リトル・パラダイス」と表記しています。役割カード、
政策ランキングカードの「とっくり地区」は「リトル・パラダイス」と言い換えて、使用してください。

4. 紙芝居ツールと読み聞かせ（朗読）、もしくは動画版の視聴

紙芝居ツールのダウンロード

ファイル名:(5)リトル・パラダイスは認められるか？(5-littleparadise)
https://www.akashi.co.jp/files/books/5155/5-littleparadise.zip

動画視聴はここにアクセス

藤原孝章『ひょうたん島問題』動画版「リトル・パラダイスは認められるか？」https://youtu.be/QSa4mRoMwsY

1 とっくり地区では、パラダイス人が増えてくるかわりに、ひょうたん人が、他の街へ引っ越しするようになりました。また、とっくり地区に住みついていた、働き者のカチコチ人は経済力が豊かになり、とっくり地区を出て、山手の高級住宅地のほうへ移り住む人が多くなりました。

画像64

2 一方、パラダイス人は、あいかわらず決まった仕事を持つ人が少なく、収入が安定しません。ふるさとの伝統である、親戚や仲間同士の絆をたいせつに、お互いに助け合って生活するのが、なにより便利で有益であると考えています。こうして、パラダイス人は、とっくり地区に集まって住むようになりました。

画像 65

3 パラダイス人たちが、集中して住むようになったとっくり地区は、これまでのひょうたん島にはなかった、文化の違いを鮮明にした異文化の街として、目立ってきました。とっくり地区は、いつしか、「リトル・パラダイス」と呼ばれるようになりました。

画像 66

④「リトル・パラダイス」では、やがて、母国パラダイス島と同じように、権力を持ったボスが誕生し、「リトル・パラダイス」を支配するようになりました。その結果、女性が差別され、街の治安も悪くなってきました。ひょうたん人の多くは、パラダイス人に対して、よくない感情を持つようになってきました。

画像67

⑤パラダイス人の人口がふくらんだ「リトル・パラダイス」は、街の規模がますます大きくなってきました。ひょうたん政府のお役所では、バス路線や上下水道の増設、ゴミ収集の増加など、仕事が目に見えて増えてきました。このような事業には、どうしても多くのコストがかかってきます。

画像68

⑥ いよいよ「リトル・パラダイス」にかかるコスト負担が、ひょうたん政府の財政を圧迫し、問題となってきました。ひょうたん人は、自分たちの税金が、パラダイス人のために費やされることを快く思っていません。コスト負担の問題をひょうたんテレビ放送局は、毎日、ひんぱんに取り上げています。

画像69

⑦ 仮想会議。ひょうたん政府の役人や住民代表、大学教授、パラダイスの住民代表が「リトル・パラダイス」をめぐって討論を始めます。

※動画版にはこの場面はありません

画像70

5. 役割カードの内容

Ａ ひょうたん政府役人

・あなたの役割は司会進行役です。
・あなたは、どの民族のグループも特別扱いせずに、政府の財政がこれ以上負担にならないようにしたいと考えています。立場の違う4人の話を聞き、助言をし、対立する利害を調整して議論をすすめ、政策の優先順位を決定してください。しかし、限られた時間の中で、決定することが不可能な場合が

画像 71

あってもかまいません。その場合は、なぜ不可能になったのかをグループでふりかえってください。

Ｂ ひょうたん住民（マジョリティ）代表

・あなたは、「リトル・パラダイス」に住むひょうたん人として、パラダイス人の増加を好ましく思っていません。ひょうたん人だけの住む住宅地があればと考えています。
・「リトル・パラダイス」のパラダイス人増加を抑制し、「リトル・パラダイス」を安全で住みよい街にすることを主張します。

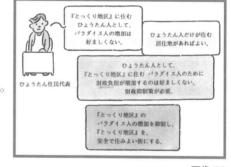

画像 72

・ひょうたん島の住民として、「リトル・パラダイス」に住むパラダイス人のために財政負担が増加することを好ましく思っていません。なんらかの財政抑制策が必要だと考えています。
＊あなたの立場では、たとえば、ア）、イ）、ウ）の政策カードが優先されます。

Ⓒパラダイス住民（マイノリティ）代表

・あなたは、「リトル・パラダイス」
について、パラダイス住民の集住
を認めることを主張します。

画像73

・あなたは、パラダイス人は助け合
いやいたわりの気持ちが人一倍強
いことを主張します。

・財政負担の増加に対して、相対的
に所得の低いパラダイス人社会に
対して財政の負担があるのは当然
だと主張します。そのためには、
パラダイス人の利益を代表する政党も必要だと考えています。

＊あなたの立場では、たとえば、エ)、オ) の政策カードが優先されます。

Ⓓひょうたん大学教授

・あなたは、大学で憲法を教える教
授として、いままでは、多数派
（ホスト）社会における移民やマイ
ノリティの人権の重要性を説いて
きたのですが、マイノリティ・コ
ミュニテイ内部の人権侵害、特に
女性差別にかなり批判的になって
います。

画像74

・「リトル・パラダイス」について、
パラダイス人コミュニテイの人権
侵害を批判します。

・「リトル・パラダイス」の女性差別をなくし、パラダイス人の地位を向上させ、
社会を改良していくことで、豊かになれば財政負担は減っていくだろう、と
主張します。

＊あなたの立場では、たとえば、カ)、キ) の政策カードが優先されます。

E カチコチ人のひょうたん大学学生代表

・あなたは「リトル・パラダイス」
やひょうたん島の居住について、
住みわけや多文化の重要性を主張
します。

・エスニックな街づくりや観光など、
多文化化によって経済的効果が期
待でき、財政はよくなるだろうと
主張します。

・ひょうたん大学で憲法を学ぶ学
生として、マイノリティの人権に
ついて擁護します。

多数派、少数派は、
それぞれ住みわけて、
それぞれの文化、
『多文化』を守ることが重要。

多文化がもたらす
経済的効果による収益によって
財政負担の増加は防げる。

カチコチ人のひょうたん大学学生代表

少数派の人権は、
擁護されなければならない。

画像75

＊あなたの立場では、たとえば、ク）、ケ）の政策カードが優先されます。

6.「リトル・パラダイス」をめぐる9つの政策（ランキング）
ア）「リトル・パラダイス」混住団地・再開発政策

ひょうたん島では、ひょうたん政府の政策に従うべきである。居住区を認め
ることは、パラダイス人だけを特別扱いすることになる。コストのかかる
「リトル・パラダイス」からパラダイス人を立ち退かせ、再開発をしてショッ
ピングセンターとひょうたん人が優先的に入居できるひょうたん団地を造る。

イ）「ペタン地区」集住・企業団地政策

パラダイス人の居住区は認めるが、「リトル・パラダイス」からは立ち退かせ、
島の先端のペタン地区に移住させ、パラダイス人の集住地区とする。そうす
れば社会基盤も計画的にできるのでコストはかからない。「リトル・パラダ
イス」の跡地は、企業団地を造って企業を誘致すれば、一挙両得である（た
だし、ペタン地区は市街地から交通の便が悪い）。

ウ）ひょうたん人地区隔離・新興団地建設政策

パラダイス人の人権を考慮すれば、「リトル・パラダイス」からは排除でき
ない。しかし、「リトル・パラダイス」あるいはそれに近接するひょうたん

ロールプレイとランキング、現実の提案（全
国自治体職員研修で、2015 年 5 月、筆者撮影）

人のために、ひょうたん市街の山手に新興住宅地を造成し、ひょうたん人の
居住区とする。

エ）「リトル・パラダイス」分離・財政予算配分政策

「リトル・パラダイス」をパラダイス人のみの居住区とする。というより、
パラダイス人の文化や価値観と他とはかなり異なるので、結果として「リト
ル・パラダイス」はパラダイス人だけが住むようになるだろう。パラダイス
党を結成して、国会に議席を獲得し、一定の予算を社会サービスに当てる。
そうすれば、ひょうたん人との所得や雇用、居住などの社会格差を是正でき
るだろう。

オ）「リトル・パラダイス」保護・高福祉政策

教育、労働、住居は、ひょうたん人であるとパラダイス人であるとを問わず、
人権に関する重要なことがらである。したがって、パラダイス人が助け合っ
て住む「リトル・パラダイス」は認めるべきである。パラダイス人の助け合
いやいたわりの気持ちこそ、ひょうたん人がなくしてしまったものである。

ひょうたん憲法が認める社会権にてらして、社会福祉にコストがかかるのは
しかたがない。

カ)「リトル・パラダイス」規制・社会改良政策

「リトル・パラダイス」では、人権を保護するひょうたん憲法に明らかに違
反していることが行われている。たとえば、少数のボスによる支配と犯罪の
増加、女性差別などである。パラダイス人の居住区を認めることは、ひょう
たん島における人権侵害を認めることになる。このような事態が続けば、よ
り多くのコストがかかるだろう。

キ)パラダイス人地位向上・奨学金政策

パラダイス人も、ひょうたん人のいい意味での個人主義を見習って欲しい。
ひょうたん島の教育もパラダイス人の良さを教えているのだから、個人個人
がしっかりと教育を受け、ひょうたん社会に貢献できる人間になることは、
おおいに可能である。そうすればどこに住もうと関係ないし、ひょうたん人
はそんなパラダイス人を喜んで受け入れる。したがって居住区を認める必要

画像76

政策ランキングカード。人数分を用意し、破線に沿って切り離して使用

はない。「リトル・パラダイス」を出たいパラダイス人もいるはずだ。

ク）カチコチ人混住・経済活性化政策

　ひょうたん島にはマイノリティのカチコチ人もいる。パラダイス人だけの居住区を認めることは、狭い民族主義に陥るので反対である。むしろ働き者のカチコチ人が住めるように優遇措置を与え、カチコチ人の経済力で「リトル・パラダイス」を活性化すべきである。そうすれば、「リトル・パラダイス」はカチコチ人、ひょうたん人、パラダイス人がともに住めるようになる。

ケ）カチコチ人居住区新設・観光資源化政策

　パラダイス人の居住区である「リトル・パラダイス」を認め、またカチコチ人も希望するなら彼らの居住区を別に認める。そうすれば、ひょうたん島に多様な町並み、文化地域ができて、島の観光資源にすることができる。そうしてコストを回収していくべきだ。

7. すすめ方とふりかえり、ここがポイント

・レベル3「ひょうたん教育の危機」は、学校教員の研修や学生への授業、市民講座での人権研修で活用することが多い。これに対し、レベル4「リトル・パラダイスは認められるか？」は、自治体職員対象の多文化共生のまちづくりの課題研修で活用している。全国の自治体の多文化共生のまちづくりについては、前章で紹介した（一般財団法人）自治体国際化協会（クレア）の「多文化共生のまちづくり促進事業」が参考になる。
・すすめ方として注意しておきたいのは、レベル4「リトル・パラダイス」における政策ランキングカードには、観光開発的な要素、コスト削減の要因などが複合して記述されているので、参加者が内容を理解するのに時間がかかることである。また、カードのなかの日本語の言葉遣いや用語は難しい。自治体などで外国にルーツを持つ人々とともに、共生のまちづくりを考えるワークショップを行う場合、そのままでは使えない。ワークショップの指導者はカードの内容をよく理解した上で、カードの内容の簡略化も含めて、やさしい表現、簡潔な説明を補足してほしい。

群馬県大泉町（2016年筆者撮影）

8. 現実、共生モデル──集住と住み分け

・レベル4「リトル・パラダイスは認められるか？」は、現実には、日系ブラジル人が集住する地域（群馬県大泉町、浜松市、豊田市など）のみならず、最近は、IT企業などで働くインド人（東京都江戸川区）、元インドシナ難民や技能実習の資格で働くベトナム人（大阪府八尾市）、オーストラリアおよびアジア系富裕層（北海道倶知安市・ニセコ町のニセコ・スキーリゾート）など、ニューカマー外国人が集住する地域もこの10年で増えてきた。ムスリムの留学生や外国人住民、日本人信者のための礼拝施設も日本各地に増えている。旧来からあるオールドカマーが集住する横浜や神戸の「中華街」「南京町」、大阪市や川崎市の「コリアタウン」（コリアンタウン）とあわせ、実に多様になってきた。

・エスニック・グループごとの集住は、情報ネットワーク、相互扶助、あるいは社会的差別などのために欧米でも一般的であり、「チャイナタウン」やムスリムのコミュニティなどはよく知られている。歴史的には、日本人移民が集住したサンフランシスコには「リトル・トーキョー」もあった。

・エスニック・グループによる集住は、歴史的にも事実としてあり、社会的にも住み分けの根拠がある。しかしながら、この事実を、多文化共生の観点から肯定的に評価していくか、社会的分断や社会的隔離へと向かう人種主義的な観点から否定的に見ていくかによって、社会のあり方や政策は大きく変わってくる。外国人労働者や移民の受け入れへの是非にもつながっていく。

・集住地域の問題は、ニューカマー外国人の集住する都市の課題としてだけではなく、歴史的事実や「地域の中の多文化コミュニティ」という観点から学

仙台イスラム文化センター（2015年筆者撮影）

北海道倶知安市・ニセコ町のニセコ・スキーリ　大阪市、コリアタウン（2017年筆者撮影）
ゾート、現地案内ポスター（2018年8月筆者撮影）

べるようにすることが大切である。エスニックタウンなど観光や地域おこ
し・まちづくりなど、地域の多様なリソースの一つの観点から多文化共生を
すすめることも大切な考え方である。

・すでに第4章でもふれたように多くの自治体では多文化共生のまちづくりを
行っている。このような「まち」への訪問、探検も、若い人たちには必要で
ある。また、自治体職員にとっても地域の課題として取り組むことができる
（参考：村田晶子・中山京子・藤原孝章・森茂岳雄編『チャレンジ！多文化体験ワークブッ
ク』ナカニシヤ出版、2019年）。

第**6**章 ひょうたんパワーの消滅？
―共有財産とは何か レベル5

1. ねらい

① 人口動態の変化が島の環境や資源の「持ちつ持たれつ」の関係にストレスを
与えてしまい、それらが有限でかけがえのないものであると気づかなければ
破局が訪れることを理解する。

② 共生の条件とは破局を避けるための選択であることに気づく。

2. 時　間

40分

応用編：30分（ひょうたん島問題全体のふりかえり）

3. すすめ方

1）　5人のグループに分かれる。

2）　紙芝居ツール、もしくは動画版を使って、「ひょうたんパワーの消滅？」
の問題状況を理解する。

3）　共生の条件、未来への選択肢を考える。

・レベル4のグループのままで、ひょうたん人、パラダイス人、カチコチ人
の役割を継続してロールプレイで話し合いをしてもよい。

・ロールプレイではなく、参加者が個別で次のような選択肢について判断し、
次にグループで話し合うこともできる。

　①パラダイス人とカチコチ人の入山やひょうたん人の森林開発を禁止し、
ひょうたん人の管理と利用のみにする。薬用植物や住宅建材は高価で
あっても輸入する。

　②パラダイス人やカチコチ人にとって、薬用植物や住宅建材は生活必需
品であるから、伐採を禁じることはできない。ひょうたんパワーのエネ
ルギー源を輸入する。

③ひょうたんパワーの存続を第一に優先し、すべての人の入山を禁止し、薬用植物、住宅建材、ひょうたん森林の代用品やひょうたんパワーにかわる新エネルギーを開発する。

④ひょうたん山の多様な資源とひょうたん農園の重要性を認識し、3者の代表者の話し合いで伐採量（割り当て）を決める。

4）　時間があれば、他に理想的なアイデアがないか、話し合う。

4. 紙芝居ツールと読み聞かせ（朗読）、もしくは動画版の視聴

紙芝居ツールのダウンロード

ファイル名：（6）ひょうたんパワーの消滅？（6-power）
https://www.akashi.co.jp/files/books/5155/6-power.zip

動画視聴はここにアクセス

藤原孝章『ひょうたん島問題』動画版「ひょうたんパワーの消滅？」
https://youtu.be/Sz45N7Ovpyc

1　ひょうたん山のすそ野にひろがる「ひょうたん農園」では、最近、かんがいの水が不足してきました。わき水、川の水、地下水などの量が、目に見えて減少してきたのです。ひょうたんの栽培もおびやかされてきました。

画像77

2 水不足のきざしに不安を持つようになったのは農家だけではありません。一般市民の間でも、生活がおびやかされると、危機感はひろがっていくのでした。

画像78

3 ひょうたん政府が、「森林地区」を大切に守っていくために、森の環境保全を法律で決めています。森を守り、水資源を確保してきたのです。ひょうたん島では、いまだかつて一度も水涸れを起こしたことはありませんでした。

画像79

|4| しかし、カチコチ人は、「森林地区」に母国の木材と同じような木があ
ることを発見しました。カチコチ人は、働いて家を持つことが夢です。
働いて、お金を貯めたカチコチ人の間で、たちまち、建築ブームが起こ
り、木材の伐採が始まりました。
　森林地区の伐採をひょうたん政府は、1％を基準に定めています。そ
れが、最近、5％を超え、もうまもなく、10％に近づこうとしている
のです。ひょうたん政府にとっては大問題です。

画像80

|5| 一方、パラダイス人は、母国パラダイス島で珍重される薬用植物が、
「森林地区」にあることを見つけ、せっせと採集するのでした。その植
物は、心身をリラックスさせる効用があり、パラダイス人たちの日常に
は、欠かせない飲み物になっています。毎日、多くのパラダイス人が森
に入り、森の環境は日ごとに損なわれているのです。

画像81

6 ひょうたん人も、政府の規制緩和をいいことに、「森林地区」に、森を
伐採してゴルフ場を開発したり、レジャーランドをつくる企業も現れ
てきました。

※動画版の
この場面に
はナレーショ
ンがなく、テ
ロップが表
示されます

画像82

7 ひょうたん政府の規制緩和や、カチコチ人、パラダイス人の人口増加
によって、森林の開発や樹木の伐採はすすみ、薬草などの有用な植物
類は過剰採集されるようになりました。森の下草も踏み荒らされ、若木
は育たず、立ち枯れが目立ちます。ひょうたん人の開発も島の環境に影
響を与えています。お互いの利益のみに目を奪われ、森林地区の環境破
壊は、すすんでいく一方となりました。

画像83

8 森林地区の環境破壊はいよいよ進行し、山は、赤茶色の地肌をむき出しになるまで荒らされてきました。森は、水を貯える力が極端に少なくなりました。ひょうたん農園の水不足は、いよいよ深刻です。やがて、地下水も涸れ始めました。

画像84

9 前例のない水不足に、ひょうたん人たちは、農園の水だけではなく、生活用水、工業用水も涸れてしまう、と騒ぎだし、問題は大きくなりました。毎日、議会を聞いて、水不足の打開を議論し、対策を練るのですが、名案は浮かんできません。議会は空転するばかりです。

画像85

[10] 「森林地区」の急激な環境破壊が進み、極端な水不足となったために、ひょうたん島のひみつ「ひょうたんパワー」に異変が起こってきました。島を航海させるエンジンに、水を供給できず、航海不能におちいるのは、時間の問題です。このままでは、ひょうたん島は、やがて、沈没してしまうかもしれません。

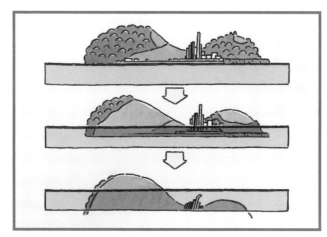

画像86

5. すすめ方とふりかえり、ここがポイント

・『ひょうたん島問題』は、授業としては、すべてのレベルの社会問題を連続して学ぶように作成されている。しかし、実際の講演・ワークショップでは、時間の関係上、レベル1をアイスブレーキングにしてレベル2、3、4のいずれかを取り上げることが多い。その場合、レベル5の「ひょうたんパワーの消滅？」は、互いに自己利益のみに固執して対立すると「もっと大切なもの」を失うという「寓意」として紹介するようにしている。

・レベル5のねらいは、民族の対立を超えたところにある「共有財産」(コモンズ)について認識するものである。そのことによって、協力や連帯の考え方、「みえない共通利益」(たとえば、環境・平和・安全など)の重要性に気づいていくのである。

・したがって、指導者は、ここでの話し合いが、少数派マイノリティが、多数派マジョリティの財産をおかしているというような結論になったときに、こ

のねらいをもう一度確かめてほしい。レベル5「ひょうたんパワーの消滅？」
の「物語」が、少数派マイノリティ（カチコチ人とパラダイス人）の行為と環境
への負荷の発生を中心に、語られているからなおさらである。

・私自身も、学校の授業でこれを試行した時、生徒は、「カチコチ人とパラダ
イス人が出て行けばよい、彼らが悪者だから」という単純な結論をだしたこ
とがあった。そこで旧版では、ひょうたん人の環境破壊の行為を「物語」に
加えて、3つのグループの自己利益追求の様子が分かるようにした（場面⑥、
画像82）。

6. 応用編：「ひょうたん島問題」の全体のふりかえり

最後のまとめとして、次のような一般的概念について、どの部分がよく理解
できたかのかをたずねてもよい。

---

1. 世界には、経済上の理由で、住み慣れた土地を離れて移動する人々がい
る。
2. 世界には移民や労働者を受け入れる国（地域）と送りだす国（地域）がある。
3. どのような民族（集団）も、風俗、習慣、価値観など固有の文化をもって
いる。
4. 異文化を理解することは、自らの文化を含めて多様な文化があることを
理解することである。
5. 国の中では、ある特定の民族（集団）の文化が優先、尊重され、支配的な
力を持つことがある。
6. 国の中では、自らの文化を認めてもらえないと感じている民族（集団）が
ある。
7. 複数の文化が、5と6の関係にある場合、時としてそれらは対立し、社
会問題に発展することがある。
8. 対立の解決のためには、利害を調整するためのコミュニケーションが必
要である。
9. 対立を解決しようとしないで、互いの利害を主張して譲らないと共倒れ
になったり、もっと大切な価値を見失うことになる。

画像 87

7. 現実、共生モデル

・現実は、1990年代の中東紛争や旧ユーゴ、ルワンダ内戦、2010年代のシリ
　ア紛争など民族・部族や宗教の対立が深刻化し、民族紛争を招き、結果的に
　平和や安全を失う事例も多い。また逆に、気候変動の枠組みに関する協定
　(2015年パリ協定など)をはじめとする地球温暖化防止対策のように、世界が
　二酸化炭素削減にむけた取り組みを協同で始めている例もある。どちらの側
　面を評価するのかは、性悪説や性善説のような本質主義的な考え方をとるこ
　とで違ってくる。また、政治的な権力配分や経済的な利害対立が、民族紛争
　や宗教対立の「衣」を着ているようなポリティクスによっても異なってくる
　であろう。

・レベル5のシミュレーションは、ともすれば本質主義的な民族対立を超える
　超越的・普遍的な価値(環境、平和など)を設定しているが、以上のような現
　実的には、ポリティクスが対立に深く関係していることに指導者は留意して
　ほしい。

第7章 日本に住む多様な外国ルーツの人々（語りとしてのロールプレイ）

1. ねらい

　日本に暮らす外国にルーツを持つ人々が、人間らしく生きるために、どんな課題に直面し、それに対してどんな意見を持っているか、どのように社会に参画しようとしているかを知る。

2. 時間

　40 ～ 50分
　応用編：「○○（日本）人って誰？」30 ～ 40分

3. すすめ方

1) 　5人1組のグループに分かれる。
2) 　15人の人物カードを配る。
3) 　カードを札のようにしてかさねてグループのメンバーが順番にめくり、そのカードの人物になって話し合う（予め人物カードを配分しておいてもよい）。
4) 　参加者は、それぞれの人物が、「制度の壁」「言葉の壁」「心の壁」という「三つの壁」にどう直面し、どういう意見を持っているのか、話し合う。

4. 日本に暮らす多様な外国にルーツを持つ人々（15人の人物誌）

> 1. シーラ・アブドル（女）　マレーシア人　21歳　留学生
>
> 　大学では日本文学を勉強している。ムスリムなのでお酒は飲めない。なのに、コンパではお酒をすすめられて困った。スカーフをしている私をじろじろ見る人もいる。マレーシアから来たというと、ジャングルに住んでいるのか、といわれて驚いた。日本人より英語は話せるし、私の家は、日本よりずっと都会の高層マンションにあるのに。

2．李美里（イ・ミリ）（女）　在日コリアン　15歳　中学3年生

　朝鮮中級学校に通っている。2010年に高校の授業料が無償化されたとき、朝鮮高級学校は認められなかった。「朝鮮語」や「朝鮮史」の授業はあるけど日本の学校とほとんど変わらない。各種学校扱いなので、国立大学を受験するときも個別審査が必要。選挙権年齢が18歳になったけど、私には選挙権がない。2022年から18歳成人社会になるけど私たち外国人も日本社会の一員として認められたい。

3．カルロス・アカミネ（男）　日系ペルー人　26歳　自動車関連会社勤務

　ペルーでは銀行に勤めていたが、一生懸命働いても家を持てそうになかったので日本に働きにきた。自動車関連の小さな下請け工場で働いている。週1回アパートの一室に集まって、スペイン語で歌ったり踊ったりするのが楽しみだが、部屋を借りている大家さんが、うるさいから出て行ってくれといってきた。日本人だってパーティをする。他のアパートを探しにいったけど、外国人はお断りといわれた。

4．グエン・タム・フォン（男）　ベトナム人　28歳　技能実習生

　私が今住んでいるところ（団地）は、ベトナム人が多く暮らしている。日本ではずっと先輩にあたるインドシナ難民のベトナム人が、中小企業で働くために大きな団地が建てられ、このまちに住んでいる。先輩は日本語もわかり、日本に来た私たちの面倒も見てくれる。市役所や地域のNPOの皆さんも親切で相談にのってくれる。まちにはベトナム料理の飲食店もあるし、食材も手に入れることができる。私は、技能実習生のため、日本人の給料よりも多くはないが、真面目に一生懸命働いて、故郷の家族に仕送りしている。新しい「特定技能」の資格ができたので、5年、10年と日本で働きたいと思っている。

5. 張志明（チャン・チーミン）（男）　中国人　22歳　カキ養殖会社の技能実習生

　2年間、日本で技能実習をして技術を学び、中国で仕事を始めようと思っていたけど、実習生の先輩は、月12万円の基本給のはずが5万円。日本の最低賃金以下で働かされている。何よりも僕は中国の山西省出身で海のない田舎。カキの貝殻むきばかりの技能なんてなんの役にも立たない。貝殻むきのときにあやまって手を切る大けがをしたけど会社が労災保険に入る義務があるのに入っていなかったので、自分で治療代をはらった。

6. マルコ・サンパイオ（男）ブラジル人　30歳　プロサッカー選手

　小学校3年生の息子がコーラを水筒に入れて学校に持って行ったら、水筒にはお茶ですと、担任の先生から怒られた。お茶なんて飲んだことないのに。他にもピアスをして行ったら嫌な顔をされた。みんなと違うことをしたらダメみたい。息子はこのままだとポルトガル語も忘れるし、親と話ができなくなる。ブラジル人学校への転校も考えているけど日本では私塾扱いだし政府や市の補助金もないので授業料も高い。生徒も少なく経営も苦しいそうだ。日本の学校でうまくいかないから外国人学校があるのに。学校に行けないブラジル出身の子どもたちのことが心配だ。

7. 金浩正（キム・ホジョン）（男）在日コリアン　45歳　ソーシャルワーカー

　在日三世。在日コリアンが集住する地域で生まれ育つ。両親、きょうだい、親戚が戦後の日本社会で、学校や仕事のことで苦労してきたことを見てきた。少しずつ状況は良くなっているが、自分自身も含めて在日コリアンが直面してきた課題は、今のニューカマーの外国人にも当てはまることが多い。このような経験を生かして、NPOの活動を始め、ソーシャルワーカーとして、学校と社会をつなぐ役割を果たしたいと努力してきた。民族学級の存続やニューカマーの外国人や外国にルーツを持つ子どもたちの学習や生活の支援を行っており、社会的にも認められてきた。

8. マリア・パドレス（女）　フィリピン人　35歳　弁当工場勤務

　10年前に「農村花嫁」として来日、結婚して夫の親と同居した。息子ができたが、夫の両親は私がフィリピン人であることを隠している。夫も私が友だちと会うのもいやがるし、母国の料理も作るなという。息子もいじめにあうからと学校では私のことを話したがらない。夫は時に暴力も振るうので離婚した。息子は夫とその両親が育てている。日本には5年以上住んでいるので定住が認められ、今は弁当工場で働き生計をたてている。私は昼間の勤務だけど、深夜の工場には日本語を使わなくてもよい外国人が多く働いている。

9. ロサ・メンドーサ（女）　フィリピン人　36歳　介護施設勤務

　私の娘は8歳。フィリピンで生まれた日本人。日本人の父親から実子と認知され、2009年からは日本国籍をとることができた。そこで2016年に、日本人である娘と来日し、私はその母親として介護施設で働いている。娘は日本人だけど日本語がわからないので小学校の先生は苦労しているみたい。もちろん私も日本語が話せないけど介護施設ではお年寄りに心から親身に接し、感謝されている。これからも娘のために働くつもり。

10. 王英明（ワン・インミン）（男）　中国人　15歳　中学生

　第二次世界大戦が終わる頃、当時の「満州国」に孤児として残された日本人の祖母（中国残留孤児）と暮らすために両親と一緒に来日した。日本の中学校の授業、日本語が難しすぎてまったくわからない。漢字も中国の漢字と違っているし、源頼朝とか徳川家康といってもわからない。隣の県の高校入試では、中国帰国者用の特別入試があるけど、僕の県では問題文にふりがながふってあるだけ、これじゃ受かりっこない。学校の先生になりたいけど、まず大学に行けるかどうか不安だ。先生になれても校長や教頭など管理職にはなれないし、日本に帰化しないとだめなんだろうか。

11. ワナ・ソムチャイ（女）　タイ人　25歳　歌手

　タイ北部の貧しい農村の出身。仕送りをして両親を助けるために日本に来た。渡航費や歌のレッスン、ビザの申請などで多額の借金をしたので、稼いだお金の多くが給料から引かれ、日本での生活もよくならない。仕送りできるのはほんのわずか。タイで聞いていた話と全くちがっている。一応歌手だけど、クラブやパブではお酒をついだり、店のオーナーは借金を返すために男性の相手をしろと強要する。なんだかグレーであやしいルートでやってきたみたいで、この先どうしたらよいか、悩んでいる。

12. 秋山沙耶（サヤ・アキヤマ）（女）　日本人　21歳　アイドル

　私は日本の有名なアイドルグループの歌手。私のお父さんは日本人だけど、お母さんはフィリピン人。このことを言うと日本人じゃないの、って思うファンもいたけど、芸能界やスポーツ界には外国にルーツを持つ日本人がたくさんいることをわかってほしい。日本国籍をもっているけど在日二世の大先輩の歌手がいて日本人に人気がある。在日コリアン四世だけど日本国籍をとって日本代表のために貢献したサッカー選手もいる。芸能界で「ハーフタレント」というのは欧米系の親と日本人の親の間に生まれた人が目立つけど、本当は朝鮮半島、中国、台湾、フィリピン、タイなどアジアにルーツを持つ芸能人も多い。私たちも「ミックス」のよさを生かして、社会に役立っていることを認めてほしい。

13. シッキム・マハラート（男）　パキスタン人　45歳　中古自動車販売

　日本海側の地方都市で主にロシア向けに中古車を販売している。パキスタン人の仕入れルートがある。日本車は寒冷地でも長持ちするのでロシアから来た船に多く積み込む。中古は貨物扱いだから安いのでもうかる。地方都市でもハラール食が手に入ったり、目立たないけど、ムスリムが週末の金曜日に行う礼拝用の集会所ができたりして、だいぶ暮らしやすくなってきた。

14. 斎藤なつみ（女）　日本人　20歳　学生

　小学校2年生から中学1年までの7年間、両親の仕事の関係でアメリカ合衆国に在住。現地の学校で学ぶ。いわゆる「キコクシジョ」。今は日本の大学で学ぶ。英語を話すことには不自由しないし、日本語での会話にも不自由しない。しかし、専門的な研究論文を英語で読んだり、グローバルな課題について英語で討論したりするにはまだまだ力が足りない。一方で、日本の歴史や専門書を読破するには日本語の力が不足している。友人はバイリンガルなんてもてはやすけど、私自身は英語も日本語も二重に限界があると感じている。これって「ダブル・リミテッド」と言われている。日本にいる外国にルーツを持つ子どもにも多いらしい。将来は、このような子どもたちの役に立つような仕事がしたい。

15. 佐藤由美（女）　韓国人　45歳　日本語教室など経営するNPO代表

　20年前に東北地方の農村に花嫁として来日、結婚して夫と姑、子ども2人と暮らす。来日当初は日本語が全くわからず苦労したが、大きな都市の日本語学校にも通って一生懸命学んだ。自宅の近くに「道の駅」ができ、そこで自家製のキムチを販売したら大好評で、他の外国人農村花嫁ともつながりができた。それが縁で、多国籍の仲間と一緒に国際交流と日本語習得のためのNPO活動を地方都市で始めた。2011年東日本大震災では被災したが、SNSなどで本国へ情報発信をしたり、名前が日本名になっている外国人妻について本国からの安否確認に応えたり、また、避難所の人々のために買物を代行したりと地域のために手広く活動した。

5. すすめ方とふりかえり、ここがポイント

（三つの壁）

・外国にルーツを持つ人々が日本社会で直面する壁は三つあるといわれている。一つめは、国籍条項による選挙権や職業選択の制限、在留資格による外国人就労の管理など制度（法律）の壁である。二つめは、外国人のための文化的・宗教的施設や多言語表示の少なさ、難解な日本語など、文化や言語の壁であ

る。三つめは、外国人嫌悪・ヘイトスピーチ、白人崇拝・アジア人蔑視などの心の壁である。

・ここでの活動は、多様な外国にルーツを持つ人々が、以上のような多くの課題や困難を抱えながら、日本社会に暮らしていることに気づくことである。しかし、そのような人たちは、単に「マイノリティ外国人」として支援される、助けてもらうだけの対象ではないことにも気づくことが大切である。

・困難に直面し、それを乗り越えようとすることは、全ての人に共通のことであり、ともに日本社会に参画し、社会の創り手として共生や連帯の仲間であるという視点を獲得していくことが、究極のねらいである。

・人権とは、何人も人間らしく生きる権利であり、それはいたわりや優しさだけではない、ましてや、政府やお金持ちなど「上」から与えてもらう贈り物や恩恵でもない。私たちが、相互に水平的な関係として、生きにくさや困難を共有し、その克服をめざし、時には規約や法律を作って、人間らしく生きていく社会をともに創り上げていく力になるのが人権である。

・外国にルーツを持つ15人の人物像から見えてくる日本社会の生きにくさやそれを乗り越えようとする手立てについて、参加者の考えを深めていきたい。

・民族性や民族文化は、確かにその民族固有のものではあるが、しかし、文化は、国際結婚やハワイの事例にあるように、互いに交わり、影響し、複合していく。複合的なアイデンティティ、文化的多様性をもたらすのも文化なのだ。15人の登場人物にそのような可能性を見ることもできるだろう。

[カードの解説]
1. シーラ・アブドルさんのカード
　　心の壁(偏見)。ムスリムの人に対する偏見や東南アジア＝熱帯という固定観念。マレーシアの首都クアラルンプールは、バンコクやシンガポールと並ぶアジア有数の大都市である。マレーシアの公用語はマレー語と英語である。
2. 李美里(イ・ミリ)さんのカード
　　制度の壁(国籍)。心の壁(外国人嫌悪・ヘイト言説)。民族学校としての朝鮮学校が、その教育課程ゆえに学校教育法上の一条校として認められず、制度上の不利な条件がある。選挙権の制約もある。自治体の住民基本台帳に登

録している外国人、少なくとも永住の資格を持つ外国人には、住民参加の
あり方として、地方自治体の選挙権は付与されてもよいという議論もある。

3. カルロス・アカミネさんのカード

心の壁。飲食やパーティの考え方の違い、社会生活上のルールに対する偏
見。外国人だからといって住居の制限をすることは違法である。

4. グエン・タム・フォンさんのカード

心の壁の克服。ベトナム人の労働者は、日本だけではなく韓国や台湾でも
急増している。留学生や技能実習生が増えている。歴史的な過程も踏まえ
て、地域コミュニティの相互扶助などが確かなところでは、このような集
住地域もできている。

5. 張志明（チャン・チーミン）さんのカード

制度の壁（労働者の権利保障）。技能実習制度は不備や問題点も多い。その
目的に反して、実質的な低賃金労働者の雇用を促すことになっている。改
定入管法では「特定技能」の在留資格が作られたが、日本人と同等の給与、
社会保険など労働者の基本的な権利を保障できるか、企業が実行できるか
が課題となっている。

6. マルコ・サンパイオさんのカード

心の壁（学校文化）。制度の壁（外国人学校）。日本の学校の決まりは、同質
的な文化や学校の指導を前提にしていて、個人のプライベートなことと公
的なモラルやルールとを区別していないケースが多い。民族学校（外国人
学校）についても非一条校なので、授業料補助など制度の壁がある。

7. 金浩正（キム・ホジョン）さんのカード

三つの壁の克服（社会参画などの市民活動）。在日コリアンの歴史的な経験を
踏まえて、ニューカマーの外国人にも手を差し伸べる。困難や課題を抱え
ながら懸命に生きていくこと、現場から連帯していくための社会的ネット
ワークづくりの例。

8. マリア・パドレスさんのカード

心の壁（家族や地域の受けいれ）。言葉の壁（外国人の就労）。農山村地域の外
国人花嫁については、自治体ぐるみの事業として1990年代に話題になっ
たが、現在でも基本的に農山村の「跡継ぎ」不足や配偶者のミスマッチは
解決されたわけではないので、実態としては進行している。また、言葉の

壁から夜間に働いている外国人は多い、コンビニの弁当が朝早くから並べられている理由を考えてみたい。

9. ロサ・メンドーサさんのカード

言葉の壁（日本語）、制度の壁（就労）。いわゆる日本人の子として認められたJFC（ジャパニーズ・フィリピノ・チルドレン）とその母親。フィリピンからきた女性はかつてはエンターテイメント（もしくは性産業）の場で働くことが多かったが、人身取引の指摘を受け、現在は、日本人の子どもの親として就労可能な職場で働く女性が増えている。

10. 王英明（ワン・インミン）さんのカード

言葉の壁（日本語習得）、制度の壁（修学支援、進路保障）。外国にルーツを持つ子どもたちの日本語習得では、生活言語と学習言語の差が大きい。それが結果として、不登校や進学するための学力不足にもなっている。制度として高校や大学、専門学校などの特別入試のような改善が求められている。

11. ワナ・ソムチャイさんのカード

制度の壁（就労）。女性・男性を問わず、また国籍を問わず、多額の借金とその返済を背負っての就労は人身取引（ヒューマン・トラフィッキング）に当たることが多い。外国で就労するためには、書類やビザなど申請の手続きが個人では困難であることも背景にある。

12. 秋山沙耶（サヤ・アキヤマ）さんのカード

心の壁（白人崇拝・アジア人蔑視）。在日コリアンをはじめとして、インビジブルなアジア系ミックスの人たちは、学歴や所得の不利を乗り越えるために「実力」勝負の芸能界やスポーツ界に身をおいてきたともいえる。テレビなどのタレントに「ハーフ枠」があってもアジア系ミックスは除外されることも多い。

13. シッキム・マハラートさんのカード

心の壁（外国人恐怖、信仰）。日本で暮らすムスリムの人たちは、マレーシア、インドネシア、フィリピン（ミンダナオ島）など東南アジアからの労働者や中央アジアやアフリカなどからの留学生などである。中東地域とは限らない。大きなモスクは東京や神戸にしかないが、全国に集会所を兼ねた信仰のための施設がある。

14. 斎藤なつみさんのカード

言葉の壁（ダブル・リミテッド）。カードは「帰国子女」の例だが、最近指摘されているのは、ブラジルやペルー、中国にルーツを持つ子どもの母語と日本語の二重の言語的限界（学習言語）である。英語でおしゃべりできる「キコクシジョ」も実は言語的限界を感じている人たちも多いはずである。

15. 佐藤由美さんのカード

三つの壁の克服（地域住民としての社会参画活動）。ソフトバンクの孫正義氏など企業家の例はもちろんのこと、カード7の金浩正さんのケースのように、外国にルーツを持つ人々が市民活動を通して地域社会に参画している事例は多くある。

これらのカードを作る際、次のような文献が参考になった。

・開発教育研究会編（2012）『身近なことから世界と私を考える授業Ⅱ——オキナワ・多みんぞくニホン・核と温暖化』明石書店
・ななころびやおき（2005）『ブエノス・ディアス、ニッポン』ラティーナ
・朴一（2016）『僕たちのヒーローはみんな在日だった』講談社
・朴一（2005）『「在日コリアン」ってなんでんねん？』講談社
・川村千鶴子（2012）『3.11後の多文化家族——未来を拓く人びと』明石書店
・リリアン・テルミ・ハタノ（2009）『マイノリティの名前はどのように扱われているのか——日本の公立学校におけるニューカマーの場合』ひつじ書房
・藤巻秀樹（2012）『「移民列島」ニッポン——多文化共生社会に生きる』藤原書店
・野口和恵（2015）『日本とフィリピンを生きる子どもたち——ジャパニーズ・フィリピノ・チルドレン』あけび書房
・もりきかずみ（2000）『国際結婚ガイドブック第2版』明石書店
・武田里子（2011）『ムラの国際結婚再考——結婚移住女性と農村の社会変容』めこん
・金光敏（2019）『大阪ミナミの子どもたち——歓楽街で暮らす親と子を支える夜間教室の日々』彩流社
・藤原孝章（2018）「マイノリティと道徳教育——多文化共生・シティズンシップの視点から」岩波書店『世界』11月号、213-221頁

6. 応用編：「〇〇（日本）人って誰？」

　次の８つのケースについて、自分が、あるいは、彼・彼女が、〇〇（日本）人と思える項目を選んで、自分は何人かを話し合ってみよう（項目選択は複数可）。参加者が、日本人ばかりであれば日本人をテーマにしてもよいが、外国にルーツを持つ人々や外国人がいる場合は、〇〇人をテーマとする。

---

① 〇〇（日本）に生まれたから、〇〇（日本）人です。

② 両親が〇〇（日本）人だから、〇〇（日本）人です。

③ お父さんが〇〇（日本）人だから、〇〇（日本）人です。

④ お母さんが〇〇（日本）人だから、〇〇（日本）人です。

⑤ 〇〇（日本）語が話せるから、〇〇（日本）人です。

⑥ 親が外国人でも、〇〇（日本）人です。

⑦ 外国に長く住んでいても、〇〇（日本）人です。

⑧ 〇〇（日本）の国籍を失っても、〇〇（日本）人です。

・このワークショップでは参加者が戸惑いを見せることがある。なぜなら、日本人は、自分が日本人であることを自明と思っていて、自分は何者であるかというアイデンティティを問う場面に遭遇することが少ないからである。改めて「〇〇（日本）人とは？」と問われると困ってしまうのである。

・このワークショップでは、「一国家一民族一言語」の幻想性に気づき、国籍（nationality）と民族性（ethnicity）とは別であることを理解できる。また、血統主義と出生地主義という二つの国籍付与のあり方や、世界では多くの国が認めている二重国籍（重国籍）の是非についても議論することができる。

・オリンピック（陸上、柔道、テニス、卓球などの競技種目）やサッカーワールドカップ、ラグビーワールドカップ、世界野球大会（ワールドベースボールクラシック）など大きなスポーツ大会の日本代表について議論するのも面白い。すでに多くのミックス（混血）の選手が日本代表として活躍している。サッカー日本代表選手のほとんどは外国のクラブに所属し、外国に居住しており、試合の時だけ代表に合流している。一方、ラグビー日本代表は、外国籍の選手でも出場可能だが、2019年のW杯（日本大会）では「ワン・チーム」として活躍した。

第**2**部

理論編

第8章 「ひょうたん島問題」とは何か

1.「ひょうたん島問題」

1.1.「ひょうたん島問題」とは

　「ひょうたん島問題」は、移民を受け入れることで国民国家が多文化社会へと変容していくポストモダンの社会的課題をシンボリックに表している。「ひょうたん島」に移住してきた二つの島の移民によって引き起こされる、祝祭や教育、居住地域をめぐる問題を模擬的に取り上げることによって、「受け入れ国」であるホスト社会（多数派「ひょうたん人」）とゲスト・グループである2つの少数派（カチコチ人とパラダイス人）が織りなす「民族」間の緊張（社会問題）について考えていこうとするものである。その意味で、「ひょうたん島問題」には世界の多文化的状況がシミュレーション化されているともいえる。

1.2. なぜ3つの島（民族）なのか

　「ひょうたん島」は、近代的な市民生活が保障された国民国家であり、同時に、移民を受け入れるホスト社会として設定されている。2つのゲスト・グループのうち、「カチコチ人」は働き者で勤労と経済力に価値をおくエスニック・グループ、「パラダイス人」は勤労よりも自然との共存や共同体に価値をおく一方で、ボス支配や女性差別を社会的に容認するエスニック・グループとして設定されている。3つ以上のエスニック・グループを設けたのは、2つだと相互関係が多数派と少数派、ホストとゲスト、同化と差異化というように文脈が単純に二分化されてしまって、より現実に近い多元的状況における相互作用が表現できないと考えたからである。

1.3. ステレオタイプを与えないか

　ホスト社会と2つのゲスト・グループの相互作用をシンボライズするために、それぞれの社会集団や文化的背景の特色についてはかなり単純化し、かつ、本

質主義的な扱いをしている。そのために、近代国家や先進地域、あるいは開発途上地域に対して一定のステレオタイプを生み出したり、スティグマ（烙印）を与えるおそれがあるかもしれない。民族や文化の複合や変容の可能性への視点も含め、指導者はこれらの点への配慮が必要である。

2. 国境を越える人の移動

2.1. なぜ労働力は国境を越えるのか

　現代の労働移民は、地球規模の構造的要因から発生しているといってよい。今後50年間に予測される人口動態は、開発途上地域（南）における人口爆発であり、先進地域（北）における人口停滞である。その結果、開発途上地域では食糧危機、貧困、失業、紛争、難民化、環境悪化が派生し、先進地域では、経済水準の維持、労働力の不足、ハイテク化と非熟練化の分断という産業のサービス化（第三次化）や社会の多元化が拡大している。特に、世界都市と呼ばれるような先進地域の大都市では構造的に未熟練型の労働力が不足する。このプッシュ要因とプル要因が労働力の国際的移動を引き起こす構造をつくっている。もちろん、国境を越えない場合でも、開発途上地域内における農村から都市への多数の人口移動が背後にある。

2.2. どのような人々が移民するのか

　国境を越える労働力の移動を可能にしているのが、交通手段の発達や情報化の進展であり、世界都市におけるエスニック・グループの集住と呼び寄せ的ネットワークの成立である。したがって、このような交通や情報のネットワークを利用しうる地域や階層から移民は発生する。すなわち開発途上地域の相対的貧困地域では、「より多くの」収入が得られる地域をめざして農村から都市へ、開発途上地域の都市から先進地域（の世界都市）へと移動する。あたかも先進地域の多国籍企業がより安い労働力を求めて開発途上地域へ生産現場を移転させるように。

2.3. 移民の形態－単身、それとも家族

　移民の形態はさまざまである。アメリカ合衆国など新大陸における植民は、家族単位だったが、労働移民の場合は、男性の単身労働者がまず移民し、のち

に家族を呼び寄せる形をとるのが一般的だった。現在の日本で定住化は一般的ではないが、それが試みられる場合、日系人では男性の単身者が多く、家族呼び寄せ型の定着、フィリピン人では女性が多く、日本人男性と結婚する形での定着がはかられているともいえる。このことは、日本で国際結婚が増えていることと無関係ではない。

3. 多文化学習
3.1. なぜ多文化の理解と共生なのか
　文化は、異文化の理解にとどまらず、多文化の理解や共生の観点からとらえられるべきである。その理由は、日本の事情として、近年急増している在日外国人との共生を求める理念が模索されているからである。また、世界的に見ても国民国家がゆらぎ、多民族国家あるいは多文化社会の統合や包摂の理念が求められているからである。

3.2. 多文化社会における社会問題とは
　多文化社会における多様な民族・文化集団は、その相互作用の結果、いくつかの社会問題を作りだしている。

　たとえば、フランスやイギリス、ドイツなどの西欧社会では、アジア系、イスラム系、先住民系、トラベラーズ（ジプシー）など「同化困難」な、異質な民族・文化集団が問題になっている。また、文化や民族の差異を、家庭など私的な空間のみに限るのか、居住地や学校、行政など公的な空間まで広げて認めるのか、議論がある。

　さらに、個人と共同体の対立という問題もある。近代的・西欧的な個人を尊重する価値とイスラムの伝統のような前近代的・非西欧的な価値が衝突している。個人を基本単位とすれば人権は尊重されるが、民族的共同体は解体され、民族全体としての文化や自治が認められなくなる。民族を基本とすれば、民族集団内部の個人の人権や自由が尊重されなくなる。

3.3. 多文化学習の目標とは
　このように、多文化社会における社会問題は、多様であるとともに深刻化する契機を抱えており、価値、行為、決定などの面で〈ジレンマの構造〉を作り

出している。なんらかの基準や相互の妥協がないかぎり解決不可能な状況に陥ってしまう。このような社会問題とその〈ジレンマ構造〉の認識こそ多文化学習の目標である。

「ひょうたん島問題」を通して学ぶことは、社会問題のジレンマ的な内容であり、問題解決のあり方を探ることなのである。

3.4 多文化学習の方法

多文化社会における社会問題とその〈ジレンマの構造〉の認識が多文化学習の目標とすれば、その方法はどのようなものか。

方法には、①客観的・事実的な認識と②問題事例を通した内在的な認識の2通りが考えられる。多文化社会が日本においても現実化し、それに対応する能力や態度・技能が求められていることから考えると、後者の方法によって内容を組織化する方が有効である。

そして、文化を単に相対的で対等な関係ではなく、支配と被支配の権力関係を内包する相互作用において内在的にとらえていくとき、文化の理解がより豊かになり、共生の概念をより構造的、現実的に理解できる。多文化の共生という理念は人類の理想であるが、現実には民族紛争を起こすほどに、複雑な社会的、経済的、宗教的矛盾やジレンマを構造として抱えている。

そのような現実（構造）を事実として提示するのみでは、知識としての理解にとどまってしまう。複雑さやジレンマの体験を通してこそ生きた知識になる。しかし、多くの地球規模の課題がそうであるように実際に教室の中に持ち込むことは不可能である。そこで社会問題を単純なモデルに再編成し、それをもとに問題の理解と解決をすすめていく。この点が、「ひょうたん島問題」というシミュレーションを開発する根拠であり、またシミュレーションによる模擬体験学習の特徴である。

4. 「ひょうたん島問題」の学習構造

4.1. 「ひょうたん島問題」の学習内容（5つの社会問題レベル）

シミュレーション「ひょうたん島問題」では、ホスト社会のなかでゲスト・グループが引き起こす社会問題（文化的摩擦や社会的緊張）が段階的に深刻化し、高度化していく5つのレベルを設定している。

　具体的には、マナー・習慣などの文化摩擦を扱ったレベル１の異文化理解からレベル２〜４の多文化理解へとすすむ。さらに、レベル２〜４は、祝祭・勤労、教育、居住地域・経済負担など、民族・文化集団の相互作用によって問題が高度化する局面によって３つにわけられている。そしてレベル５の、利己的な対立から共有財産に気づき、地球的な普遍的価値の認識（グローバルな理解）にすすむ（表１参照）。

表１　５つの学習レベルの問題内容と学習方法

レベル		問題内容	学習方法
異文化理解	1. あいさつがわからない	３つの「民族」グループの「あいさつ」が通じず、コミュニケーション・ギャップを引き起こす。	模擬的な挨拶行動による体験的理解
多文化理解（文化・価値観・経済負担）	2. カーニバルがやってきた（祝祭）	ひょうたん島あげてのカーニバルへの参加をめぐり勤労に対する価値観の違いが文化摩擦を引き起こす。	ロールプレイによる体験的理解
多文化理解（文化・価値観・経済負担）	3. ひょうたん教育の危機（教育）	学校での学力格差、教育観の違いが、マイノリティ・グループによる教育内容改善の要求や民族学校の設立運動を生み、教育政策の多様化の課題が生まれてくる。	ロールプレイとランキングによる体験的理解と価値の明確化
	4. リトル・パラダイスは認められるか？（居住・財政）	特定地域へのマイノリティ・グループの集住が進み、経済コストが増大し、社会政策の変更の課題が生まれる。同時に、相互扶助とボス支配、女性差別などが併存し、ホスト社会の普遍的価値と対立する地域が出現する。	ロールプレイとランキングによる体験的理解と意思決定
グローバル理解	5. ひょうたんパワーの消滅？	自己利益（個々の「民族」利益）のみの主張により「ひょうたん島」という共有財産が消失する危機が生じる。	話し合いによる未来への合理的選択

4.2.「ひょうたん島問題」の学習過程の特色

（1）「入れ子」型の問題構造

　一つめは、シミュレーション学習自体に、多文化社会において発生し、高度化していく問題の構造が内在化されている点である。しかも、各レベルで解決したと思われた問題が、民族・文化集団の相互作用の結果、問題の深刻化をもたらし、「入れ子」のように新たな問題となってくることが認識できる。

（2）問題の高度化と参加型学習方法

　二つめは、問題の高度化に対応した学習活動と問題解決の方法を取り入れている点である。

　たとえば、レベル1では、3つの民族集団に固有のあいさつ行動を設定し、学習者が各民族集団に扮してあいさつを交わすことで「あいさつ行動」の食い違いを体験できるようにしている。

　レベル2では、勤労に対する価値観が、ホスト社会のカーニバルへの参加をめぐる対立となって現れる場面の問題を、各民族集団の価値観を代表する人物を設定し、学習者がその人物に扮し、ロールプレイをして話し合うことで、その対立を体験的に理解できるようにしている。

　レベル3では、ホスト社会とゲストグループの文化的葛藤や対立が、教育や学校の問題となって現れ、一定の政策決定が必要であることを、ロールプレイによるランキングを通じて認識できるようにしている。

　レベル4では、さらに問題が高度化し、居住地域が出現して経済コストの負担をどうするかという政策課題が生じていることを、レベル3と同様の方法で、だが問題解決に至るにはいくつかの困難を伴うものであることを認識できるようにしている。

　レベル3、4においてランキングを取り入れたのは、問題の高度化に対応して、価値の明確化や意思決定の技能を高めていくためである。

（3）グローバルな価値の普遍性

　三つめの特色は、レベル5で、民族・文化集団の相互作用（葛藤、対立、解決）だけでは認識しえないグローバルな普遍性に至る契機を内在化させている点である。現実的にいえば、民族的な、あまりに自民族中心的な問題解決の方法は、対立を深刻化させ、問題解決を不可能にするような状況が見られる。それに対して、「宇宙船地球号」的な、グローバルな価値の視点を入れることによって、「別」の（オルタナティヴな）解決の視点に気づくようにするのがねらいなのである。この意味では、「ひょうたん島問題」の多文化学習は、広い意味でのグローバル教育のなかに入るといえるだろう。

5. 多文化社会における民族・文化集団の相互関係
5.1. 明白な対立と和合の類型

「ひょうたん島問題」は、多文化社会における民族・文化集団の相互作用、相互関係をモデルとしている（表2・3参照）。

表2は、〈人種主義・自民族中心主義〉と〈反人種主義・文化相対主義〉、〈普遍・個人・平等〉と〈差異・共同体・伝統〉という多文化社会に内在する、二つの対立する原理によって四つの類型（立場）があることを示したものである。

たとえば、ホスト社会におけるマジョリティによる支配・同化作用は類型［Ⅰ］として、それに対するマイノリティの差異化作用は類型［Ⅱ］としてとらえることができる。また、近代的・西欧的な個人性・人権と前近代的・非西欧的な共同体との葛藤は、類型［Ⅲ］の個人・普遍志向に対して、類型［Ⅳ］の共同体・差異志向の対立ととらえられる。

表2　多文化共生をめぐる対立と和合の類型

	人種主義・自民族中心主義		
普遍志向　個人重視　平等志向	［Ⅰ］普遍派人種主義 ・他者における差異や独自のアイデンティティを否定し、マジョリティによる同化を志向する	［Ⅱ］差異派人種主義 ・自民族中心主義や前近代的共同体主義を志向する。同化不可能を前提に、マイノリティの異質性を強調し、同化を拒否する	差異志向 共同体重視 伝統回帰
	［Ⅲ］普遍派反人種主義 ・差異を超えた人類の普遍性（平等、人権、自由）を志向し、その理念のもとに差異を解消しようとする	［Ⅳ］差異派反人種主義 ・マイノリティとその固有文化を擁護し、「差異への権利」を主張する。普遍性よりもマイノリティの集団としてのアイデンティティを重視する。前近代主義、帝国主義と対立する	
	反人種主義・文化相対主義		

5.2. かくされた対立と和合

さらに、表3では、明白な対立だけではなく、問題状況の局面によっては、各類型（立場）において、隠された対立や和合があらわになることが示されている。

現実社会において民族紛争や人種対立などが深刻化し、複雑な社会問題の様相をみせるのは、このような諸類型の相互作用が作り出す〈ジレンマの構造〉

を内在しているからである。したがって、〈ジレンマの構造〉をシミュレーションという手法をつかって方法化することで多文化の学習がより効果的にすすめられるのである。

表3 類型の相互関係（ジレンマの構造）

相互関係	明白な対立軸	隠された和合軸
［Ⅰ］と［Ⅱ］	マジョリティによる同化とマイノリティの差異化	自民族中心主義、共同体主義、人種差別
［Ⅰ］と［Ⅲ］	人種差別と反人種差別、普遍主義	
［Ⅰ］と［Ⅳ］	自民族中心主義と文化相対主義	
［Ⅱ］と［Ⅲ］	近代的個人主義と前近代的共同体主義	
相互関係	**明白な和合軸**	**隠された対立軸**
［Ⅲ］と［Ⅳ］	反人種差別	普遍と差異
［Ⅱ］と［Ⅳ］	差異への志向・民族性重視	民族主義と相対主義

5.3. レベル2「カーニバルがやってきた」場面の類型とロールプレイにおける人物設定

ロールプレイにおける人物設定は、基本的には4つの類型（立場）から構成される（表4参照）。

レベル2「カーニバルがやってきた」の場面では、グループ構成上5人にしている。

①「ひょうたん文化保存会会長」は、典型的なマジョリティ文化保持、同化主義の立場から発言している。それに対して、②「ひょうたんカーニバル実行委員」は、同化主義にもとづいた参加を実行しようとするが、実行委員という立場上、さまざまな意見を聞き、妥協や調整をしようとする。③「カチコチ文化協会代表」は、カチコチ人の生活様式や価値観に固執し、カーニバル参加に反対である。④「ひょうたん大学教授」は、祭りへの参加は、民族の問題ではなく個人の問題ととらえている。⑤「カチコチ人労働者協会代表」は、カチコチ人の生活様式や勤労観については③ほど固守しない。民族性よりも勤労条件の改善が優先すると考えるからである。

レベル2の場面では、祝祭（カーニバル）の場面でもあり、問題の構造をわかりやすくするために、「パラダイス人」の立場を入れていない（なお、役割カード

にある「ひょうたん新聞記者」は、④「ひょうたん大学教授」と同じ立場として設定している)。

表4　4つの類型と5人の人物設定（レベル2「カーニバルがやってきた」の場合)

類型Ⅰ（普遍派人種主義）	類型Ⅱ（差異派人種主義）
①ひょうたん文化保存会会長 ・ひょうたん文化の伝統を守る ・異分子カチコチ人の同化と排除 ②ひょうたんカーニバル実行委員 ・全員参加の祭りを実行する	③カチコチ文化協会代表 ・カチコチ人の生活習慣・勤労観を保持 ・カーニバルに参加する必要はない
類型Ⅲ（普遍派反人種主義）	類型Ⅳ（差異派反人種主義）
④ひょうたん大学教授 ・個人の人権の擁護 ・祭りへの参加は個人の問題 ・祭りや勤労に対する考え方は本来平等	⑤カチコチ人労働者協会代表 ・カーニバルよりカチコチ人の労働条件の 　改善が優先する

6. 類型化とロールプレイ——議論の構造（レベル3「ひょうたん教育の危機」の場合）

6.1「ひょうたん教育委員会委員長」の発言の構造

　レベル3「ひょうたん教育の危機」での学習の中心は、議論を通したロールプレイとランキングによる価値葛藤と意思決定である（表5参照)。

　たとえば、「ひょうたん教育委員会委員長」は、「伝統あるひょうたん文化は、ひょうたん教育によって保持されている」という状況的事実を根拠として、「パラダイス人学校も、カチコチ人のためのカリキュラム改革も認められない」という主張をする。この発言を正当化する理由として、「ひょうたん島の将来

表5　4つの立場と9つの政策（レベル3「ひょうたん教育の危機」の場合)

類型Ⅰ（普遍派人種主義）	類型Ⅱ（差異派人種主義）
A ひょうたん教育委員会委員長 　①ひょうたん文化優先 　②パラダイス人学校不可 　③外国人排除	B パラダイス人学校建設運動協議会会長 　④外国人のための国際学校設置 　⑤パラダイス人学校建設
類型Ⅲ（普遍派反人種主義）	類型Ⅳ（差異派反人種主義）
C ひょうたん大学教授 　⑥外国人補助教員配置 　⑦教師養成で外国語履修	D カチコチ経済人連合会 　⑧「国際理解」教室設置 　⑨多文化化のためのカリキュラム改革

のためには、ひょうたん教育のレベルの向上と優秀なひょうたん国民の育成が急がれる」ことをあげる。そして、正当化の理由の背後には、「教育の目的は、『国民』を育成することにある」（類型［Ⅰ］普遍派人種主義）という価値観がある。そして、このような発言の構造を持つ人物は、「ランキング」のための話し合いでは、①ひょうたん文化優先、②パラダイス人学校不可、③外国人のひょうたん教育からの排除などの解決策を上位に持ってくると思われる（なお、このような「議論の構造」はツールミン図式とよばれる）。

状況的事実
　・伝統あるひょうたん文化は、ひょうたん教育によって保持されている。

主張
　・パラダイス人学校も、カチコチ人のためのカリキュラム改革も認められない。

正当化する理由
　・なぜなら、ひょうたん島の将来のためには、ひょうたん教育のレベルの向上と優秀なひょうたん国民の育成が急がれるからである。

理由を裏付ける価値
　・なぜそういえるのかは、教育の目的は「国民」を育成することにあるから。
　　［Ⅰ］普遍派人種主義

6.2.「パラダイス人学校建設運動協議会代表」の発言の構造

　同様に、「パラダイス人学校建設運動協議会代表」の発言についても考えてみよう。今度は逆に考えてみる。彼は、類型［Ⅱ］の差異派人種主義の立場に立つわけだから、「教育の目的は、機会均等と十分な学力保障にあり、少数派のための権利擁護政策が実施されるべきである」という価値観（発言を正当化する理由を背後で支える価値観）を持っている。そして、この価値観から彼の発言を正当化する理由として、「パラダイス人に正当な教育が施されないのは、ひょうたん学校の厳しいカリキュラムとひょうたん語による授業のためである」という認識を持つことになる。このような認識から、「パラダイス人はひょうたん学校では、「ひょうたん語」が理解できない。『パラダイスの昼寝野

郎！』という落書きもみつかった」という状況的事実を踏まえて、「パラダイス人の子どものために「民族」学校を認めるべきである」という主張が出てくる。

　そして、このような発言の構造を持つ人物は、「ランキング」のための話し合いでは、④外国人のための国際学校設置、⑤パラダイス人学校設置などの解決策を上位に持ってくると思われる。

状況的事実

・パラダイス人はひょうたん学校では、「ひょうたん語」が理解できない。「パラダイスの昼寝野郎！」という落書きもみつかった。

主張

・パラダイス人の子どものために、「民族」学校が認められるべきである。

正当化する理由

・パラダイス人に正当な教育が施されないのは、ひょうたん学校の厳しいカリキュラムとひょうたん語による授業のためである。

理由を裏付ける価値

・なぜそういえるのかは、教育の目的は、機会均等と十分な学力保障にあり、少数派のための権利擁護政策が実施されるべきであるから。

　　　［Ⅱ］差異派人種主義

6.3. ロールプレイの中の価値葛藤

　学習者は、あらかじめ与えられた人物設定と「発言例」にヒントをえながら、人物像を理解し、類型化された価値に気づいていく。この場合、「作戦タイム」を設けて、同じ役割同士で話し合いの場を設けた方が、人物理解が深まる。

　学習者は人物に扮しながらで勝手な発言をしているようにみえるが、各グループの中で、類型［Ⅰ］～［Ⅳ］の四つの役割をそれぞれ演じることで、多文化社会における教育問題の議論の構造と議論が拠って立つ各立場の相互作用がもたらす価値葛藤（シミュレーション化されたソフトな民族対立といってもよい）を経験していく。もちろん、ロールプレイが終了したときに、各役割（人物）の類型化について説明することが必要である。

6.4. ランキングー合理的意思決定能力の育成

ロールプレイは、議論の構造を体験して問題の理解を助けたり、相反する立場を模擬的に体験することによって共感的能力を育成することができる。だが、問題解決のための価値判断や意思決定の力を身に付けることには物足りない。ランキングでは、問題解決のための具体的な政策を検討することによって、そのような能力を身に付けることが可能である。

レベル2の「ひょうたんカーニバル」では、ロールプレイだけを体験し、問題が深刻化していくレベル3の「ひょうたん教育の危機」やレベル4の「リトル・パラダイスは認められるか？」ではランキングもあわせて取り入れたのは、以上のような理由からである。

ランキングは、話し合いをより円滑にするために「ダイヤモンドランキング」にした。すでに説明したように、各人物の価値観に裏付けられた優先順位は異なるはずだから、必ずしも望ましいランキングとはならない。学習者はロールプレイの中で、グループで話し合い、迷い、葛藤しながら妥協や合意形成を行っていく。そのようなダイナミズムがこのシミュレーションの特色である。

7. 問題の深刻化（居住地域とコストをめぐって）（レベル4「リトル・パラダイスは認められるか？」の場合）

7.1. 労働の分断から居住地域の分断へ

ホスト社会の中で支配や同化が強まり、同化できなければ、ゲスト・グループは社会的、経済的にマイノリティの立場に追いやられていく。ゲスト・グループのなかでは、言語や相互扶助などの文化的、社会的同質性を求めて、特定地域へ集住し、マイノリティ居住地域が自然発生的に形成されていく。分断化現象（セグリゲーション）といわれるものだが、そこではいくつかの課題が生まれてくる。

1つは、貧困などの社会問題が発生し、社会的・経済的コストの問題がホスト社会の中で提起されてくる。2つには、マジョリティ・グループや富裕層がその居住区から離れ、活気と成功モデルを失っていく。3つには、居住区においてはマイノリティ・グループの共同体的、前近代的価値観が支配することがあり、ホスト社会の普遍的原理とあわなくなる場合が出てくる。

7.2. 隠された対立と和合の表面化

　表3における類型の相互関係でいえば、祝祭（レベル2）や教育（レベル3）の局面では、反人種主義の立場から、類型［Ⅱ］の差異派人種主義を擁護していた類型［Ⅲ］の普遍派反人種主義が、居住（レベル4）になると個人主義や共同体観の違いから類型［Ⅱ］とは対立し、類型［Ⅰ］の普遍派人種主義の立場へと接近するようになる。同様に類型［Ⅳ］の差異派反人種主義も、相対主義の立場から、民族主義に傾く類型［Ⅱ］との対立軸があらわになってくる。逆に、対立していた類型［Ⅰ］と［Ⅱ］が、人種観や民族主義観の論理的同質性があらわになってくる。問題の高度化、深刻化によって対立軸が変化し、ジレンマがより深まる（表6も参照）。

　シミュレーションは、単純な要素を組み合わせて、複雑な現実をシンボライズできるところに特徴がある。レベル4では多文化・共生のジレンマを模擬的に体験するのに有効である。

表6　4つの立場と9つの政策（レベル4「リトル・パラダイスは認められるか？」の場合）

類型Ⅰ（普遍派人種主義）	類型Ⅱ（差異派人種主義）
①ひょうたん住民（マジョリティ）代表 　ア）リトル・パラダイス反対、混住団地・再開発 　イ）ペタン地区集住、企業団地 　ウ）ひょうたん人地区隔離、新興団地建設	②パラダイス住民（マイノリティ）代表 　エ）リトル・パラダイス化賛成・予算の優先配分 　オ）リトル・パラダイス保護・高福祉
類型Ⅲ（普遍派反人種主義） ③ひょうたん大学教授 　カ）リトル・パラダイス規制・社会改良 　キ）パラダイス人地位向上・奨学金	類型Ⅳ（差異派反人種主義） ④カチコチ人ひょうたん大学学生代表 　ク）カチコチ人混住・経済活性化 　ケ）カチコチ人居住区新設・観光資源化

（注：他に、進行役として、「ひょうたん政府役人」を設定する。どの民族グループも特別扱いしない、政府の財政がこれ以上負担にならないようにしたいと考えている。）

7.3. ランキングの困難性（ジレンマ体験の深化）

　ロールプレイによるランキングでは、居住地域重視かコスト重視か、居住地域と人権との関係はどうか、ハイ・コストやロー・コストとはどのような場合かなど、より現実的な政策を提示することで、問題解決における判断やスキルを養うことをできるようにしている。

レベル4が、レベル3と異なるところは、論点が複雑なために話し合いが妥協点を見いだせず、結果的にランキングが成立しないことが多くなる点である。しかしむしろ、成立しない場合の方がよい。なぜなら、なぜ成立しなかったかをふりかえることで、多文化・共生の〈ジレンマ構造〉について批判的に考えることができるからである。実際においても、居住地域をめぐるコストや人権・福祉の問題は議論がわかれるところであり、ジレンマを抱えている。

　だからといって、指導者は、ジレンマの模擬的な体験のままで終わらせるのではなく、多文化・共生の可能性を探っていくために、自由や平等、対立の解決・平和という普遍的価値が前提となっているという点について確認しておく必要がある。

8. 普遍的な価値の設定（レベル5「ひょうたんパワーの消滅？」の場合）

　レベル5では、「宇宙船地球号」的な、何らかの普遍的価値を設定しなければ、いいかえれば民族グループが勝手に自己の利害のみを追求し対立を深刻化させていけば、ついには、自分たちそのものの存在を危うくするのだという、比喩として設定している。

　現実の民族紛争の深刻さを目にするとき、国際連合などの超国家的、超民族的組織が関与していくのは、「人権の保護」という普遍的価値からして当然のことであるが、「地域の安全や平和」という国際共有財に気づいているからではないだろうか。

　地球環境問題にしても同様である。地球上の資源は有限であるのに、これを各国が自分勝手に利用すればいずれは資源が枯渇してしまう。地球上の資源をどのように利用していけばよいかを考えることが実は大切であることがわかってきた。

　人やモノ、情報のボーダーレスな広がりと相互依存関係の深まりは、「地球社会」というとらえ方を必要とし、また、環境や開発、人口・食料などの地球的な諸課題の高まりは、宇宙船地球号ともいうべき「人類共通の利益」の設定をもとめている。

9. 多文化主義のジレンマ──文化摩擦・対立のサイクル

　「ひょうたん島問題」は、登場人物として類型化された価値や主張が認識で

きるだけではなく、図1のような類型化された価値の転移のプロセスとして、文化摩擦や対立のサイクルを説明する手立てとしても参考になるだろう。

　まず、人種主義（racism）は、自民族を生物的・文化的に他民族よりすぐれていて、社会を自民族中心に編成し、人種的に劣っている他民族を権力の周辺に退けようとする思想である。そこに、奴隷制が生まれたり、迫害、差別や人権侵害が生じる。この最大の悲劇は、ナチス・ドイツ下のアウシュビッツにおけるユダヤ人虐殺である。

　次に、人種主義（racism）に対する反省から生まれてきた社会編成の考え方に、「人種のるつぼ論」がある。移民によって構成されるアメリカ合衆国社会について、一時、流布された「融合論」である。さまざまな人種・民族が、アメリカ合衆国では、融合して「アメリカ人」になるというのである。ルソーの「社会契約論」による一般市民を象徴する普遍主義の考え方ともいえよう。フランスでは、共和国のフランス人が強調されるのもこの考え方である。

　しかしながら、当然にもこの考え方は幻想に過ぎない。アメリカ合衆国の場合でも「人種のるつぼ論」が現実的に有効性を持ちえたのは、アングロサクソンをはじめとしてラテン系（南欧系移民）やスラブ系（東欧系移民）という白人ま

図1　多文化主義のジレンマー文化摩擦・対立のサイクル（筆者作成）

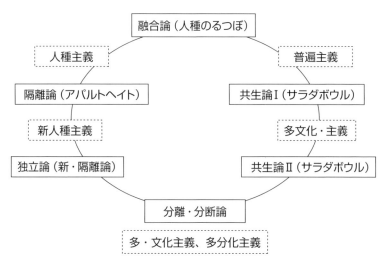

でであって、中国人などのアジア系や黒人は除外されていた。「人種のるつぼ」の結果生まれてくるアメリカ人はやはり白人であることが無意識の前提だったからだ。フランスの共和国型普遍主義も、現在、社会にイスラム系アラブ人（アルジェリアなど北アフリカ出身国民）を抱えていて、必ずしも「同化」が成功しているわけではない。

　そして、「人種のるつぼ」の幻想に代わって登場するのが、「サラダボウル社会」や「モザイク社会」論による社会統合論である。民族や人種がその特徴をすべて溶解し、消し去って新しい「国民」になることは不可能であるから、各民族や人種の特徴を尊重して、それぞれが社会的に存在する意義を認めあうことによって社会が編成されるという考え方である。いわゆる多文化主義、多文化共生の考え方がこれであって、オーストラリアやカナダなど多文化主義を国策にしている国家ばかりでなく、アメリカ合衆国やイギリスなども、温度差はあれ、同様の考え方が一般的である。

　ただ、このサラダボウル社会論、モザイク社会論でも、権力関係のなかでとらえられると、マジョリティである民族とマイノリティである民族、とりわけ、移民や難民、先住民族、外国人労働者などからみると、多文化主義が支配を正当化する手段（権力装置）であるとみなされる。また、グローバリゼーションの広がり、深まりは、多文化社会に、ニューカマーを絶えず生み出すものであるから、民族的マイノリティの貧困や不平等、権利侵害が強調され、その権利保障をもとめるようになる（共生論Ⅱ）。

　この考え方が強調され、ラジカルになると、「モザイク」の裂け目が広がり、「サラダボウル」の盛りつけが色あせる。多文化から多・文化、多分化になるのである。とりわけ、マジョリティの貧困層や生活が不安定な下層社会の市民のなかには、マイノリティが多文化社会にあって権利を過剰に擁護されているとみなすようになり、「平等」な扱いを要求するようになる。そればかりか自分たちの「不遇」は、彼ら民族的マイノリティのためであると見なし、人種差別主義的な態度をとるようになる。

　一方、マジョリティの富裕層や支配層は、マイノリティの権利擁護に批判的になり、かれらを社会編成から排除しようとする。近年は、マジョリティでありながら貧困層になってしまった人々からも、マイノリティへの福祉政策が批判されている（福祉排除の言説）。文化や民族の対立は、サイクルが一回りして、

新たな人種差別に直面する（新アパルトヘイト、ヘイトスピーチ）。こうした分離・隔離論が進行すると、マイノリティは、国家や社会から離れて独立さえ主張するようになる。これが深刻になると、権力や富の分配をめぐる紛争になる（新隔離論）。

　しかしながら、ここで留意すべきは、このような文化摩擦、民族対立のサイクルが成立するのは、文化や民族を、集団として本質主義的にとらえているからである。現在、文化摩擦と対立のサイクルをたちきるために構築主義の考え方が提出されている。構築主義とは、文化を民族の固有のもの、伝統的で不変のものととらえるのではなく、歴史的な過程で構築されてきたもの、付与されてきたものとしてとらえる考え方である。そこでは、白人や黒人の定義自体があいまいなように、人種の生物学的定義さえ構築されたものとなる。

　構築主義的な文化や民族のとらえ方が最も有効なのが、移民や難民など越境する人々の民族誌（エスノグラフィー）である。ボーダーレス社会における民族誌は、「国際結婚」などによるハイブリッディティ(hybridity、異種混淆性・雑種性)、社会におけるディアスポラ (diaspora、離散者) の視点を提供するという意味で、民族集団に溶解しない個のあり方、生き方、複合的アイデンティティの構築の可能性を示すものである。

　このような視点から多文化社会をみる時、大文字の Citizenship（国籍）と小文字の citizenship（市民）をわけて考え、民族性より市民的価値を優先し、社会統合のシンボルとしていくことの重要性も見えてくる（宮島喬：2004）。

10. 日本における多文化主義の可能性
10.1. 二つのエスニックグループ

　いま日本には、在日韓国・朝鮮人を中心とする定住型のオールドカマーと日系人やベトナム人、フィリピン人などを含む「出稼ぎ型」のニューカマーという2つのエスニック・グループがある。

　前者は、日本語を使い、日本での生活様式に違和感のない3世、4世の世代に入り、名前や国籍という「シンボリックな」意味としての民族性が課題になっている。「コリアタウン」の呼称や、地方参政権の要求、国籍条項の撤廃もこのような文化的な文脈での民族性の主張といえる。ただし、通名（日本名）の使用や現代韓国から見ての「異質視」など日韓双方のアイデンティティの揺

らぎもある。

　他方、後者については、「オールドカマー」とは逆に、人口が増え続けており、かつ多国籍化、多文化化が進んでいる。言語、住居、就労、医療、教育という生活実体の中での民族性が問題になっている。日本で就労し、暮らしていくための言葉や住居、コミュニティ、メディアなどに関する多文化的な配慮が必要になっている。

　日本は、欧米ほどにエスニック・グループの対立が深刻ではないが、このように二つのエスニックな文脈が存在するようになったのである。

10.2. リベラルな多文化主義

　多文化主義のジレンマは克服できるだろうか。民族紛争や移民排斥にまで深刻化している現実を前にして簡単に「克服」できるとは思わない。ただ、欧米の場合、近代市民革命の経験があり、普遍的な人権や自由、平等の理念があって、それを敷衍していけば多文化主義にたどりつくことができる。表2の類型でいえばⅢ・Ⅳがそのような立場を提供している。実際、J.A. バンクスなどはこれをアメリカ的な価値とし、そのもとでの国民統合の理念として多文化主義を主張しているように思える。だが、日本においては、人権、自由、参加という普遍的価値の追求がまだ市民的な伝統として育っていない。差異性や多様性（およびその中の統一）という多文化主義の理念を確かなものにするためには、自由や平等、参加という普遍的価値が必要である。シミュレーションの実践を踏まえていえば、ジレンマの克服はこのような認識（リベラルな多文化主義の追求）のもとでなされるべきだというのが私の考えである。

11. ポスト「ひょうたん島問題」

　「ひょうたん島問題」は、多文化社会におけるエスニック・グループの多様化とそれぞれの民族性や文化が、コミュニケーションや祝祭、学校教育、居住地域といった社会領域における摩擦や対立によって社会問題化していくことを理解するものである。学習者は、「ひょうたん人」「カチコチ人」「パラダイス人」という仮想的に設定されたエスニック・グループが、ロールプレイによって問題解決を求めて討論をすることで、文化の交流と葛藤を模擬的に体験する。また、ランキングという手法を使うことで、解決策の優先的選択という意思決

定をせまられ、社会的な合意形成を図ることの意味を学ぶことができる。

　その特徴は、文化を、固定的で本質的なものとして静的にとらえるのではなく、ホスト社会とゲスト・グループ、支配と被支配といった権力関係の相互作用の中で対立し変容をせまるものとして動的とらえたところにある。また、文化や民族に関わる言説を、人種主義と反人種主義、普遍と差異、(同化と反同化、普遍と多文化) といった四つの指向性・思考類型から表象したことにある。そして、この基本原理をもとにシミュレーション学習を導入して、象徴的な社会参加学習を可能にしたところにある。

　ところで、「ひょうたん島問題」について講演やワークショップを繰り返すうち、この教材の、以上のような有効性と意義を確信する一方で、その限界についても気づいてきた。

　それは、文化や民族に関わる言説とその思考法の類型を示したのだが、それは、民族集団と思考法の関係を固定化する危険性があるということがわかってきたのである。つまり、「ひょうたん人は、パラダイス人は、カチコチ人は」という語りに見られる本質主義的なとらえ方である。それが、ひいては、現実のエスニック・グループに対するステレオタイプを生む危険性があるということである。これは、三つのエスニック・グループを実体化・固定化して、問題解決の討論を仕組んでいるところに問題点がある。

　移民の社会関係的な言説は、移民史に典型的なように、「ナショナリズムの記憶」(国威発揚としての移民・植民) を背負っていて、近代国民国家の民族性の枠組みを逃れられないでいる。その意味で、入ってくる移民の場合でも、多文化社会であるホスト社会でも、民族性を中心に移民をとらえてしまう傾向にある。たとえば日系ブラジル人であっても親や祖父母の世代が日本人であるにもかかわらず、ブラジル人としてまとめられてしまう。はたして、現在の日系ブラジル移民が、19世紀的な日系移民が背負っていたような国家や民族性を現在背負っているかというとはなはだ疑問である。むしろ、教育人類学的なフィールドワークが明らかにしているように、もっと個人に溶解している (たとえば、山ノ内裕子 (1999)「在日日系ブラジル人ティーンエイジャーの『抵抗』」『異文化間教育』13号、89-103頁。他にも巻末の参考文献を参照)

　「ひょうたん島問題」は、当然のことながら、このような個人に溶解する民族性の変容やディアスポラ的な (民族性から離散した) 生き方を語っていない。

文化の葛藤や変容や構築という視点から、個人（特に、マイノリティの個人）が異文化の中で感じる感じ方、生き様、個性を語っていない。第7章（日本に住む多様な外国ルーツの人々）を新版において加えたのは、このような弱点を克服しようとしたものである。

12. シミュレーション「ひょうたん島問題」を含む学習単元
12.1. 単元化の事例（1）

　「ひょうたん島問題」は、学校（小・中・高校）の「総合的な学習（探究）の時間」や社会教育の研修プログラムとして行う場合、単独で行っても効果的であるが、次のような内容（プログラム）と組み合わせるとより効果的である（多文化と共生は本来次元のちがう概念なので「多文化・共生」としている）。

　学習単元「多文化の理解と共生」

1. 「多文化・共生」とは？（1）
   言葉のイメージから導入。「人種」「民族」「エスニック」「多文化」という言葉を聞いて思い浮かぶイメージをあげる。
2. 「多文化・共生」とは？（2）
   多文化・共生が問われる大きなきっかけに外国人労働者問題がある。他方、多文化は身近な所に、在日、先住民族、沖縄、女性などさまざまな形で存在する。2つはどういう関係にあるのか、何が問題となっているのかを発見する。
3. 「日本の中の外国人、日本の中の少数民族」
   多文化や民族は、日本の古くて新しい問題である。アイヌ民族、琉球人、オールドカマーとニューカマーなど、歴史的経緯や法的な位置づけをおさえながら、単一民族国家幻想を超える視点を獲得する。
4. 日本における「多文化・共生」の現実と課題（事例を通して）
   日々の生活の現場での多文化・共生をめぐる課題。外国人の受け入れをめぐるさまざまな事例の中で考えていく。
5. 「人はなぜ国境を越えるのか」
   地球規模の人口動態と国際労働力の移動。どんな地域からどんな理由

で人々は日本へとやって来るのか。多くの人々の移動を生み出す背景を、グローバリゼーションや南北問題など国際的視点からおさえていく。

6. 「移民と民族関係」（1）ヨーロッパの事例

日本では最近課題となってきた多文化共生問題。諸外国ではどのような課題に直面し、どう対応してきたのか。経済的、社会的、文化的な支配・従属関係をヨーロッパの事例から学ぶ。

7. 「移民と民族関係」（2）アメリカ合衆国の事例

「移民の国」と呼ばれるアメリカの事例。特に教育の分野における多文化・共生への取り組みを中心に取り上げる。

8. 「多文化・共生」…問題のとらえ方と枠組み

民族・文化集団の相互作用、相互関係の類型化（表2、3を中心に）

9. シミュレーション「ひょうたん島問題」（1）

レベル1「あいさつ」、レベル2「カーニバル」

10. シミュレーション「ひょうたん島問題」（2）

レベル3「ひょうたん教育」

11. シミュレーション「ひょうたん島問題」（3）

レベル4「リトル・パラダイス」、レベル5「ひょうたんパワー」

12. まとめ

おおよそ、20時間（50分授業24回）ぐらいが妥当なところである。シミュレーションだけでは、理解の深まりが足りない場合、このように現実的な知識や理解、問題意識を身に付けておくことが大切である。また、シミュレーション学習と現実的な課題を交互に見ていくことも可能である。

たとえば、レベル1やレベル2を学習したあとで、日本のニューカマーの人々を受け入れるイベントや社会施策を紹介することができる（単元3、4にあたる）。同様に、レベル3のあとでは、アメリカ合衆国やヨーロッパ、あるいはオーストラリア、カナダで行われている多文化教育の試みを紹介することもできる。レベル4のあとでは、欧米のマイノリティの現状を学ぶことも可能である。

学習単元「多文化の理解と共生」で学ぶことが出来る基本的な概念は、文化とアイデンティティ、対立とその解決、相互依存である。関係する概念として

は、自尊感情、多様性、普遍性、偏見、固定観念 (ステレオタイプ)、共生など
である。

　一般的な事実的知識としては、外国人労働、労働力の国際移動、南北問題、
移民・植民、マイノリティ・マジョリティ、先住民族、人種のるつぼ、人種の
サラダボウル、人種の同化、人種差別、排外主義、民族対立などが得られるだ
ろう。

　シミュレーション「ひょうたん島問題」の学習それ自体では、次のような一
般的知識が得られるだろう。

シミュレーション「ひょうたん島問題」の学習で得られる一般的概念

1. 世界には、経済上の理由で、住み慣れた土地を離れて移動する人々が
   いる。
2. 世界には移民や労働者を受け入れる国 (地域) と送り出す国 (地域) が
   ある。
3. どのような民族 (集団) も、風俗、習慣、価値観など固有の文化を持っ
   ている。
4. 異文化を理解することは、自らの文化を含めて多様な文化があること
   を理解することである。
5. 国の中では、ある特定の民族 (集団) の文化が優先、尊重され、支配
   的な力を持つことがある。
6. 国の中では、自らの文化を認めてもらえないと感じている民族 (集団)
   がある。
7. 複数の文化が、5と6の関係にある場合、時としてそれらは対立し、
   社会問題に発展することがある。
8. 対立の解決のためには、利害を調整するためのコミュニケーションが
   必要である。
9. 対立を解決しようとしないで、互いの利害を主張して譲らないと共倒
   れになったり、もっと大切な価値を見失うことになる。

12.2. 単元化の事例 (2)

　中学校や高校での「総合的な学習 (探究) の時間」では、次のような3つの小単元からなる学習プログラムが考えられる。

中・高校での探究学習プログラム

① 日本にはどのような外国人がいるだろうか

　学習方法 (ブレーンストーミングなど)、資料：外国人住民数の統計、在留資格など

② 働くから暮らすへ

　どんなことが問題になっているのか (生活情報、住居、子どもの教育、労働など)

　学習方法 (講義、調べ学習)、資料：ビデオやエスニックメディア、NGO

③ 共に暮らす課題

　課題の解決を考えてみよう (多文化共生の理念、人権を基礎とした国際理解などを学ぶ)

　学習方法 (ひょうたん島シミュレーション、ロールプレイ、ランキング)

＊小学校では、身近な輸入食品調べ (社会科) などを発展させ、外国につながる人々の経験を共有し、教室の中の外国にルーツを持つ子どもの課題に迫らせたい。

12.3. 学習の中心となるシミュレーションと対話

　文化学習においては比較文化的な異文化理解を目的とする「文化理解アプローチ」が一般的である。しかし、そのようなアプローチでは、同質的な民族文化が変容し、多様化している現代社会にそぐわないばかりか、多文化の理解と共生の課題に応え得ない。

　そのためには、現実の多文化社会において民族・文化集団の相互作用が引き起こす「社会問題」を論理的に整理し発生的に系統だてたうえで、問題内容を追体験しながら解決方法を見つけ出すとともに新たな課題をも作り出していく

という〈ジレンマの構造〉を体験するような学習方略が必要である。

その中心が、シミュレーション（「ひょうたん島問題」）である。〈ジレンマの構造〉を模擬的に体験することによって共感的に理解し、合理的で具体的な問題解決を探るという学習を構造化しようとしている。また、単に〈ジレンマの構造〉の理解と模擬的体験に終わるのではなく、対立を越えた共通利益（地球益）を設定することで、多文化学習とグローバル教育の目標とを架橋する可能性を持っている。

「ひょうたん島問題」では、レベル２から４におけるロールプレイ体験の学習活動を繰り返すことによって、対立する四つの価値観、すなわち人種主義としての同化と反同化（差異化）、反人種主義としての普遍主義と多文化主義を、自己の中に認識として取り込むことができる。自己の中に形成される複数のアイデン

図2　複文化・多文化のアイデンティティ（筆者作成）

ティティに気づくことによって、現実的にも、教室の中での異なる他者との話し合いや対話の可能性を高めることができるのである。

12.4. SDGs（持続可能な開発目標）の学びのための多文化探究

現実には、インバウンドの外国人ツーリストも多く、また日本社会の多くのところで外国にルーツを持つ人々が暮らしている。そのような人々は、私たちと同様に、生まれてから死ぬまでの人生を生きているのである。生まれ、育ち、学び、遊び、食事をし、買物をし、人と出会い、恋をし、婚姻し、家族を持つ存在である。そして、時に病気になり、罪を犯すなどもしながら、日々、祈り、働き、税を払い、政治的意見も表明する存在なのだ（図3参照）。

「外国人労働者」としてではなく、地域に住む住民として、同じ目線から次のような諸場面でどのような願いや想いを暮らしているのか、SDGs で言えば、

健康や福祉（目標3）、質の高い教育（目標4）、働きがい（目標8）、不平等（目標10）、住み続けられるまちづくり（目標11）、平和と公正（目標16）など、グローバルな目標との関連や達成のためのアクションについて調べることも、多文化探究の学びを深めることになるだろう。

図3 人は働くだけか（筆者作成）

人は働くだけか：外国人は住民だ

街に住む	働く	恋をする・結婚する
家に住む	税を払う	祈る
着る	意見を表明する	薬をもらう
食べる	携帯を使う	病気になる
買う	学ぶ（進学する）	罪を犯す（裁判）
楽しむ・遊ぶ	育てる	死ぬ（葬送する）

共生：social inclusion
「誰一人取り残さない」に見えてくるカベと
その克服とは？

付記

「ひょうたん島問題」の学習方略については下記の論考が元になっている。

・藤原孝章（1997）「グローバル教育における多文化学習の授業方略―シミュレーション教材「ひょうたん島問題」を事例として」全国社会科教育学会『社会科研究』第47号、41-50頁

・藤原孝章（2006）「アクティブ・シティズンシップは社会科に必要ないか―社会科における社会参加学習の可能性を求めて」全国社会科教育学会『社会科研究』第65号、51-60頁

・藤原孝章（2006）「文化摩擦の論点・争点を取り上げた授業づくり―教材開発の視点」小原友行編『論争問題を取り上げた国際理解学習の開発』明治図書、17-27頁

第**3**部
資料編

1. 講演・ワークショップ配布資料
1）日本における外国人住民数

①2020年は、新型コロナウィルス（COVID-19）の感染拡大のために、インバウンド観光客（訪日外国人旅行者数）はほぼゼロになったが、2019年は3000万を超え、日本の人口の4分の1にあたる外国人が一時的に滞在した。このような一時滞在者だけではなく、日本における外国人住民数も増え続け、2019年末で約293万人（全人口の2.5%）となっている（図1）。

図1　どれだけの人が来て、住んでいるか　日本における外国人住民数（2019年末）

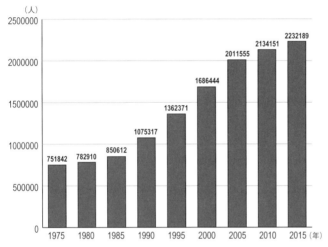

1975	751,842
1980	782,910
1985	850,612
1990	1,075,317
1995	1,362,371
2000	1,686,444
2005	2,011,555
2010	2,134,151
2015	2,232,189
2017	2,232,189
2018	2,561,848
2019	2,933,137

44年間で3.9倍
総人口の2.5%
（40人に1人）

出典：法務省「令和元年末現在における在留外国人数の推移」より筆者作成（図2、3、4も同じ）

②図1を具体的に見ていくと、外国籍住民は1980年までは70万人台でそのうちのほぼ9割が在日コリアンであった。1910年以後日本の植民地であった朝鮮半島から出稼ぎ、戦時中の強制徴用、戦後帰国できなかった韓国朝鮮人の子孫である。現在は3世、4世の時代である（「オールドカマー」と呼ぶことが多い）。

③1990年に初めて100万人を突破したが、1980年代後半の「バブル経済」による労働力不足を背景に、円高、高収入を求めて、中東、ブラジル、中国、フィリピンなどからの出稼ぎ型労働者が急増した（「ニューカマー」と呼ぶことが多い）。特に、祖父母が日本人であれば、子、孫は、労働の種類を特定し

ない「定住と就労」が可能となり、日系ブラジル人、日系ペルー人、日系中国人が急増した（1990年入管法改正）。1990年代の「バブル崩壊」後も増加した。

④200万人を突破したのは2005年、2009年のリーマンショック、2011年の東日本大震災、福島原子力発電所事故などの影響で、一時的に減少するものの、外国人労働者は非正規雇用の労働市場に組み込まれ、5年ごとの集計では、右肩上がりに増えている（これに超過残留、違法な資格外活動の外国人も20～30万人いると推定されている）。

⑤将来の日本の人口減少社会、高齢社会における経済成長維持のために、看護・介護、農林水産業、飲食・サービス、ものづくり中小企業、IT・自動車系関連工業などの分野で労働者不足が予想され、2019年には、外国人労働者の受け入れ拡大のために「出入国管理及び難民認定法」が改定され、約30万人の増加（「特定技能」の資格で働く労働者）が見込まれている。

⑥2019年4月1日施行の改定入管法は、日本で働きたい外国人、もしくは、すでに技能実習生やアルバイト留学生として働いてきた外国人が、技能実習の評価試験と日本語能力試験を受け、「特定技能1号」の資格で5年、さらには試験を受けた上で「特定技能2号」の資格で5年の居住を認めるものである。1号は単身であるが2号は家族滞在も認められ、ほぼ永住化が認められるものである。

２）国籍別外国人数

①国籍別で見ると、現在、外国人のなかでもっとも多いのが中国である。1990年代以降の日系中国人、2000年代に入ってからの技能実習生、留学生が増えているのがその理由である。しかし最近は、中国本土で農村戸籍と都市戸籍の区別が廃止され、経済成長が著しい都市での労働と居住が認められたため、技能実習や就労目的の留学は減っている。逆に富裕層の中国人留学生が増えている。

②在日コリアンは、年々減少し現在では15％程度になっている。すでに3、4世の時代になって日本人との国際結婚が増え、国籍を日本に変更することが多くなったからである。オールドカマーとしての在日コリアンは、ニューカマー外国人の抱える問題を含め、日本における外国人問題の原点である。3、4世になったからといって、国籍条項による参政権や社会参画、

図2　どの国籍の外国人が多いか

国籍別登録数（2019年末）→全部で195カ国・地域（国連加盟国193カ国）

1. 中国：約81.4万人（27.7%）

　　1977年末は4.8万人に過ぎなかった。2007年より韓国・朝鮮を超える。中国帰国者（旧満州植民日本人の子孫、日系中国人）、技能実習（出稼ぎ労働者）、留学生、近年、急増から微増へ

2. 韓国・朝鮮：約44.6万人（15.2%）

　　「在日コリアン」1976年末は86.4%、1991年の69万人をさかいに年々低下、構成比も急減、日本人男女との国際結婚により日本国籍取得→特別永住急減

3. ベトナム：約41.2万人（14.0%）

　　当初はインドシナ難民として定住、現在は留学生、技能実習（出稼ぎ労働者）。2012年から急増、2017年にフィリピン、ブラジルを超える。

4. フィリピン：約28.3万人（9.6%）

　　1996年末の約8万人から年々増加。ダンサー・歌手などの「興行」ビザ（「人身売買」）で管理強化）、日本人男性との国際結婚で定住。現在は介護分野の労働者、2009年の国籍法改正以後、日本国籍を持つ子ども（JFC）の母親として来日

5. ブラジル：約21.2万人（7.2%）

　　1986年末の2135人から急増、日本人移民の子孫（日系ブラジル人）、2008年より減少傾向、母国の経済成長→多くは定住化、永住の取得

6. ネパール：約9.7万人（3.3%）

　　2007年は1万人に満たず。国内情勢の悪化、難民申請（認定までの就労）、留学、技能実習など、近年急増

以下、インドネシア、台湾、アメリカ、タイと続く。

　　米軍基地のアメリカ人は算入されない。インドネシアがネパールと同じく介護、技能実習などで急増。

　ヘイトスピーチによる排斥などの課題が解消しているわけではない（心の壁）。とはいえ、日本の若者のKポップや韓流文化の人気もあり、いわゆる「在日」として、芸能やスポーツの分野でカミングアウトする人も珍しくなく、日本社会での在日らしさやアイデンティティを求める動きもある。「在日」の問題は、北朝鮮と日本との政治的な関係（拉致問題も含む）も一方にあり、かつて日系アメリカ人が第二次世界大戦時に味わった「二つの祖国」（山崎豊子）の葛藤があるともいえる。

③ 1990年代以降、オールドカマー外国人に代わって増えてきたのが、中国人と同様、ニューカマーと呼ばれるブラジル人（日系ブラジル人）である。リーマンショックや東日本大震災の景気後退と母国のブラジルがサッカーワールドカップやオリンピックによる景気浮揚が重なって、停滞傾向にあったが、2019年以降、大きなスポーツ大会後の反動による景気後退のために増加に転じている。

④ 現在、急増の傾向にあるのがベトナム、ネパールからの労働者である。技能実習生や就労目的の留学生など、かつては中国人が多かった分野に参入している。ベトナム人は母国の経済成長も著しく、より良い生活の向上を目指す移民であり、日本だけではなく台湾や韓国でも多くのベトナム人が働いている。ネパール人の増加についてはよくわからないことがある。政治的な混乱や震災など確かに生活が困難になっており、「難民申請」をする人々も多い。ODA・JICAによる援助や海外協力隊員の活動の実績があり日本情報も得やすいのかもしれない。

⑤ フィリピン人は、2000年代までは歌手やダンサーなど「興行」ビザで来日する女性が多く、飲食店での資格外活動などグレーゾーンで働くことも多かった。しかし、「人身売買」など人権に関わる労働が国際的に指摘され、この資格での来日は厳しくなっている。代わりに増えているのが2009年の国籍法改正以後、日本人として認められた子どもの母親として来日し、介護サービス分野で働いているケースである。また、日本人男性との国際結婚も多く、日本人の配偶者として暮らし、子どもを育てていることも多い。

⑥ 増えているのは外国人だけではない。国際結婚によって、外国籍と日本国籍とを問わず外国にルーツを持つ外国人、日本人が増えている。芸能界はもちろんのこと、陸上やバスケットボール、テニス、サッカー、ラグビーなどのスポーツ界でも、ダブルやミックスの人々が多い。国際結婚は、1985年の国籍法改正により、日本人の母親の子どもも日本国籍を取得できるようになったので急増した。農山村の嫁不足、日本人女性の高学歴化、日本人男性の階層化などの要因などによって、圧倒的に多いのは日本人夫（男性）とアジア人妻（女性）のカップルである。

⑦ 2019年施行の改定入管法による「特定技能」による就労については課題も多く指摘されている。これまでの「研修」や「技能実習」の経験から、日本人

と同様の給料が支払われるか、日本への渡航やビザ、就労など「斡旋業者」に対する負担が多くなるなか、借金を背負わされないか、賃金の中間搾取はないのか、労災や保険、仕事中の事故、怪我、死亡などの場合の補償はされるのか、仕事もあり賃金のいい都市に集まらないか、日本語を十分に話し、理解できるのか、危険な仕事をさせられないかなど、制度に伴う就労条件の課題は多い（制度の壁）。

⑧2020年の新型コロナ感染拡大による企業の業績不振は、非正規雇用労働者層の雇い止め、失業をもたらしたが、外国人技能実習生においても例外ではない、むしろ、真っ先に「雇用調整」の対象になった。在留資格規定によって、他業種への就労も困難である。さらに、感染防止のために出国もできないので、超過残留の恐れもある。制度の壁による生きにくさを背負っている（「帰れぬ外国人技能実習生」朝日新聞2020年8月3日朝刊記事）。

⑨ニューカマーにしろ、オールドカマーにしろ、多文化共生社会の実現にとって大きな壁は「国籍法」である。出生地主義ではなく血統主義を採用している日本では、外国人は「帰化」しない限り、その子孫ですら、市民権（国民の権利と義務）から排除されるのであり、社会参画と市民社会の成熟を妨げる一因になっている（制度の壁）。

⑩制度、言葉、心における課題は、通常「三つの壁」と言われる。

3）地域別外国人住民数

①外国人の居住地（図3）は、東京、神奈川などの首都圏が最大で、2019年末現在で約119.2万人、約40.6％である。東京は、首都であるので外交施設も多く国連加盟国のほぼ全ての国籍の人々が住んでいる。世界都市型の分布と言える。自動車、IT産業が立地する関東圏にはニューカマー外国人も多く、関東圏だけで日本全体のおよそ半分の外国人が住んでいる。

②二番目に多いのが、愛知、静岡、岐阜、三重の東海圏である。自動車、繊維、機械工業が立地し、圧倒的にニューカマー外国人（日系ブラジル人、日系ペルー人など）が多く、集住地域も多いのが特徴である。

③三番目は、大阪、兵庫、京都、滋賀などの関西圏である。かつては在日コリアンが多く、日本でも最大の居住地であった。ニューカマーとして中国帰国者が大阪府に、日系ブラジル人、日系ペルー人などは滋賀県に多い。

図3　どの地域に住んで暮らしているか

都道府県別住民数（2019年）

①首都圏：約119.2万人（40.6％）

1. 東京都：約59.3万人、4. 神奈川県：約23.5万人、5. 埼玉県：約19.6万人、6. 千葉県：約16.8万人。東京都は多国籍、世界都市型。10. 茨城県：約7.1万人、12. 群馬県：約6.2万人、16. 栃木県：約4.4万人も含めると、自動車、IT産業が立地する関東圏にはニューカマー外国人も多く、日本全体の約47％

②東海圏：約49.8万人（17.0％）

2. 愛知県：約28.1万人、8. 静岡県：約10.0万人、13. 岐阜県：約6.0万人、15. 三重県：約5.7万人。圧倒的にニューカマー外国人（日系ブラジル人、日系ペルー人など）が多く、集住地域も多い。自動車、繊維、機械工業が立地。

③関西圏：約48.4万人（16.5％）

3. 大阪府：約25.6万人、7. 兵庫県：約11.6万人、11. 京都府：約6.5万人、19. 滋賀県：約3.4万人、33. 奈良県：約1.4万人。京阪神は在日コリアンが多い。ニューカマーとして中国帰国者が大阪府に、滋賀県は日系ブラジル人、日系ペルー人などが多い。

④その他

以下、9. 福岡県：約8.3万人、14. 広島県：約5.7万人、17. 北海道：約4.2万人、18. 長野県：約3.8万人、も多い。精密機械、自動車産業、観光産業などが立地する地域に多い。外国人の在住が少ない県は、秋田、高知、鳥取、青森、徳島、和歌山、佐賀、宮崎など。ただし、国際結婚をした外国人は地方にも多い。

④ 技能実習の外国人は、カキやホタテ、野菜や果実といった農水産業で働くことも多い。今後、「特定技能」で働く外国人とあわせ地方でも外国人在住者が増えることが予想される。

4）どんな資格を与えられて暮らしているか

① 在留資格は、外国人が日本に3ヶ月以上住むための地位や資格であり、日本政府から「許可」されているものである。

② 在留資格別の統計（図4）で、顕著な傾向は、「特別永住」（在日コリアンなど旧植民地出身者）が減って（約10％）、1990年代以降来日し、すでに10年、20年以上、日本に暮らしている「永住」および5年以内の居住である「定住」外国人（日系ブラジル人などニューカマー）が急増していることである（両者を合わせると約35％）。

図4　在留外国人の構成比（在留資格別）

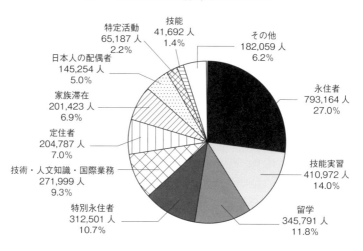

③ もう一つの特徴は、技能実習が増えていることである（14%）。2019年4月から「特定技能」の在留資格が導入されたが、2020年は新型コロナウイルスの世界的感染拡大のため出入国が制限されたので、2020（令和2）、2021（令和3）年末の統計ではこの数字も変わることが予想される。2019年4月から法務省に設けられた「出入国在留管理庁」の発表資料に読者は注意して欲しい。

5）日本語の指導と習得が必要な外国ルーツの子ども

　外国人に対する多言語ややさしい日本語による情報提供、コミュニケーションの機会増大の課題、外国にルーツを持つ子どもへの日本語指導、日本語習得が喫緊の課題となっている。

① 文部科学省の調査（図5）によれば、日本語指導が必要な外国人および日本人児童生徒は、約5万人でそのうち8割の4万人が外国籍、2割の1万人が日本人である。外国籍の子どもでは、日系ブラジル人の子どもが、日本国籍の子どもではフィリピンルーツの子どもが多い。

② 第4章でも触れたが、日本語指導において重要なのは、日常の生活言語と学習言語の違いを理解することである。日常会話ができたからといって、教科書に書かれている内容が理解できるとは限らない。学習言語の習得は、社会生活上の概念など日常会話以上に重要である。勉強がわからないため

図5　日本語指導が必要な子ども

文部科学省：日本語指導が必要な外国人児童生徒の受け入れ状況などに関する調査
（平成30年度）

総数：約5万人（外国籍：約4万、日本国籍：約1万）
〈1〉外国籍の子ども：29198人（2014）→40485人（2018）約1万人増
①母語別
ポルトガル語10404、中国語9600、フィリピノ語7893
スペイン語3786、ベトナム語1836、英語1087、韓国・朝鮮語583
ニューカマー言語（ポルトガル語、中国語、フィリピノ語、スペイン語）が全体の78％を占めている。近年、ベトナム語が増えている。
②学校別
小学校26092人（約65％）→小学校が圧倒的に多い
中学校10213人（約25％）→中学校は義務教育なのになぜ半分以下に？
高等学校3677人→高校が極端に少ないのはなぜ？
中等教育学校41人　特別支援学校277人
在籍学校数は、全体で7753校
在籍人数別学校数では、「5人未満」の学校が全体の約75％を占めている

〈2〉日本国籍の子ども：7897人（2014）→10274人（2018）約2000人増
フィリピノ語3367人（33％）、中国語2127人、日本語1181人、英語1159人
→2009年の国籍法改正以後、日本国籍を持った、フィリピンから来た子ども（JFC）が多い。
　小学校7593人、中学校2050人、高等学校495人、特別支援学校52人
→「特別の教育課程：日本語」（日本語学級）
→日本語教育推進法（2019年6月成立、文化庁）
→外国人の子どもの不就学　約2万人（文科省調査、2019年9月28日付け朝日新聞記事）

に、中学校に進学しても不登校や不就学の要因ともなる。このような子どもたちへの対応は学校だけでは到底不可能で、地域における学習補充や生活相談を兼ねた市民活動（NPO）との連携、協力が不可欠である。
③このような手立てを怠ると、母語言語と日本語の習得レベルによっては、学習言語が両方とも不十分な「ダブル・リミテッド」になり、中学校での学びや高校への進学、ひいては大学など高等教育の機会を喪失することにな

りかねない。また、学力面での知的障害や言語的コミュニケーションのストレスによる心的障害など「発達障害」との境界例など日本語教育や特別支援教育の課題も起きている（言葉の壁）。

④ 最近は、インバウンド観光客が多くなっているので、列車案内、観光・宿泊施設、病院、自治体ホームページ、災害情報など公共施設での多言語表示が珍しくなくなってきたが、まだまだ理解困難な日本語漢字や略語も多く、ひらがななどのルビがふられているケースも多くない。外国人にもわかりやすい「やさしい日本語」での表示や地域における日本語教室が求められている（言葉の壁）。

⑤ 特に、阪神・淡路大震災（1995年）や東日本大震災（2011年）、ほぼ毎年日本各地で起きている集中豪雨災害、そして新型コロナ感染拡大（2020年）など、災害や失業に伴う生活費の補償などの行政手続については、日本に長く暮らしている外国人や外国にルーツを持つ人々にとっても、「難解な」日本語で書かれた行政文書は理解できなかったり、手続きの複雑さのために補償金の受け取りをあきらめたり、受け取れないケースもある。司法書士などに仲介を依頼するにしても生活が苦しい人々にとっては大きな出費である（言葉の壁）。

⑥ 少子社会が目の前にきている日本社会が持続していくためには、今後とも外国人労働者（移民）に依存せざるを得ないことは明らかである。この大きな人の流れは、先進国や新興国に共通している。その中で、日本が選ばれるためには、日本に来て働き、子どもを育て、世代をつないでいけるようなスタンダードを示す必要がある。「三つの壁」の向こうにある、平和で公正で、国籍（ナショナリティ）や民族（エスニシティ）にかかわりなく、一人一人が生きやすい社会、働きやすい社会こそが日本であると対外的に示すことである。私たちは、日本をそのような社会に創り変えていくことを選択すべき時に来ている。

2. 関連年表など
1）日本人移民など（筆者作成）

	日本		アメリカ、ハワイ	中南米　オセアニア
		1810	ハワイ王国成立	
1868	明治維新	1868	元年者　ハワイ王国へ	
1871	廃藩置県（1869 北海道開拓使設置、1872 琉球藩廃止）	1885	官約移民　ハワイ王国へ	1886　オーストラリアへ 1889　アメリカ本土へ
1894	日清戦争	1894	民間移民会社の斡旋による私約移民	1894　フィジーへ 1897　メキシコへ 1899　ペルーへ
1889	大日本帝国憲法	1900	ハワイがアメリカ領（準州）に　自由移民　ハワイ経由のアメリカ本土への渡航も増える。沖縄からもハワイ移民が始まる	1898 フィリピンがアメリカの統治下に 1903　フィリピン、チリ、東南アジア・中国への出稼ぎ（からゆきさん）
1899	北海道旧土人保護法			
1904	日露戦争			
		1908	日米紳士協定（新移民禁止）呼び寄せ移民　ハワイでは写真花嫁増加	1908　最初のブラジル移民 1913　アルゼンチンへ
1910	日韓併合　以後、朝鮮半島での土地収奪などにより日本本土への出稼ぎが増える	1913	アメリカ、カリフォルニア州で排日土地法	1910　植民地化によって朝鮮人が中国東北部、満州へ
1914-18	第一次世界大戦			1919　ミクロネシアが日本の委任統治領に、以後、日本人の植民が増える
1923	関東大震災（朝鮮人の多くが殺害される）	1924	アメリカで排日移民法　日本人移民の禁止　日本人の国籍離脱認可	1925　ブラジル渡航者へ政府補助金
1931	満州事変／1932「満州国」建国			
1937	日中戦争、満州移民「5ヵ年計画」国家主導による大規模植民政策。東北・中部地方から多くの満州開拓民が渡航		1936　パラグアイ 1938　ブラジル日本人移民の入国制限	
1941	第二次世界大戦。以後敗戦まで、国民徴用令（1939）などによって強制的に朝鮮人が日本の炭鉱や軍需工場で働かされる	1941	真珠湾攻撃　日米開戦　ハワイの日本人、日系人指導者逮捕抑留、日本語学校閉鎖、日本語新聞禁止	太平洋戦争　アジア、オセアニアに多くの日本兵、軍属、民間人

		1942	カリフォルニアの日系人約11万人の強制収容（カナダなどでも）	
		1943	日系二世部隊の編成 ヨーロッパ戦線で活躍	
1945	広島・長崎に原爆投下、敗戦。アメリカ占領軍に日系二世が通訳として来日。「満州残留孤児」の発生、日本国内に約200万人の朝鮮人			
1947	日本国憲法施行	1947	戦争花嫁　アメリカへ	
1950	朝鮮戦争(-53)			1950　外地から多くの日本人が引き上げ
1951	サンフランシスコ講和条約調印、日米安全保障条約			1952　戦後ブラジル移民の開始 1954　パラグアイ 1956　ドミニカ 1957　ボリビア
		1959	ハワイ州に昇格	1955　外務省に移住局
1965	日韓基本条約　地位協定（協定永住：韓国人）	1960以後	日本企業の海外進出、日本人学校、帰国子女	1960年代以後、海外移民は下火に　日本企業の海外進出
1972	沖縄返還			
1978	日中平和友好条約「中国残留孤児」の帰国			
1982	国連・難民条約発効。「出入国管理及び難民認定法」施行。インドシナ難民の受け入れに法的根拠。「内国民待遇」			1980年代後半から、アジアから出稼ぎ労働者（じゃぱゆきさん）
1985	国籍法改正（84年改正、85年施行）→父母両系主義、国際結婚の増加	1988	市民的自由法（第二次大戦時の日系人強制収容に対する、大統領による公式謝罪と補償金の支払）	
1990	改定入管難民法施行（日系人の就労許可）	1993	ハワイ王朝転覆100周年記念式典、合衆国大統領謝罪法案に署名	1990年入管法の改正に伴い、南米各国で日本への出稼ぎブーム　中国帰国者も
1995	阪神・淡路大震災			
		2000	沖縄ハワイ移民100周年	2002　横浜にJICA海外移住資料館開館
		2001	9.11アメリカ同時多発テロ事件	2008　日本人ブラジル移住100周年

2011	東日本大震災、福島原子力発電所メルトダウン		
2012	外国人登録法廃止・在留カード制度		
2019	改定入管法施行（外国人労働者の受け入れ拡大） 「アイヌ新法」（アイヌの人々の誇りが尊重される社会を実現するための施策の推進に関する法律）成立（先住民族の規定）		

2）外国人法制と人権保障の変遷（筆者作成）

戦前 帝国臣民	内地＝戸籍法、外地＝戸籍令（民族単位：台湾、朝鮮半島、南樺太、満州） 　いずれも帝国臣民だが、参政権は内地在住に限る
1945年8月15日	敗戦（約200万人の朝鮮人が日本国内に、1947年には約60万人／法務省統計）
1945年12月7日 日本国籍	衆議院議員選挙法改正法附則「戸籍条項」（戸籍法の対象外の人々は参政権なし） 　10月25日には認められていた。戸籍法の対象外＝戸籍令の対象の人々。
1947年5月2日	外国人登録令（勅令207号）（日本国籍だが、登録は外国人） 　憲法施行の前日に天皇最後の勅令
1947年5月3日	日本国憲法施行、国民の権利（国民とはのちの国籍法に定められた人々）
1950年6月25日	朝鮮戦争始まる（1953.07.27 休戦協定）
1952年4月28日 外国籍	サンフランシスコ講和条約、東西冷戦構造、55年体制 　国籍条項（日本国籍の喪失、旧植民地出身者とその子どもは外国人）→通達による 　沖縄は米軍の施政権下に。 　韓国・朝鮮人の多くはいずれ帰国することを考えていた（外国籍のまま）
同日	外国人登録法公布（指紋押捺制度） 　「法律126-2-6」（旧植民地出身者とその子どもについては過渡的に滞在を認める。 　在留資格と期日を問わない）
1959年	北朝鮮帰還事業始まる（1984年までに約9.3万人が帰還）
1965年6月22日 定住外国人	日韓基本条約調印 　日韓法的地位協定発効（翌年01.17）在日韓国人については「協定永住」
1979年	国際人権規約批准（1966年国連採択、社会権・自由権規約） 　内外人平等主義、外国人の人権保障へ一歩。（この年ベトナム難民受け入れ開始）
1982年1月1日 多民族共住	難民条約発効（国連人権委員会） 　「出入国管理及び難民認定法」施行。インドシナ難民の受け入れに法的根拠。 　「内国民待遇」→公共住宅、国民年金などで国籍条項の撤廃。 　在日朝鮮人については「特例永住」

1985年1月1日	国籍法改正（84年改正、85年施行）→父母両系主義、国際結婚の増加 父（外国人）母（Japanese）子は日本人、「帰化」しても国籍とアイデンティティは別。
1985年7月25日	女子差別撤廃条約批准（1979年国連採択）→男女雇用機会均等法（1985年制定、86年施行）、国籍法改正（父母両系主義の採用）、家庭科教育の見直し（男女共習）
1990年6月1日	改定入管難民法施行（超過滞在者の追放、取締、日系人の就労許可）
1990年9月2日	子どもの権利条約発効（1989年国連採択）、日本の批准は94年
1991年11月1日	出入国管理特例法施行（協定永住と特例永住を「特別永住」に一本化）
1992年6月1日	改定外国人登録法公布（「特別永住」は指紋押捺を除外） 在日韓国人の法的地位協定に関する協議結果（91年日韓覚書）にもとづく 永住権については入管特例法、地方公務員については国籍条項による制限、教員採用については可。校長、教頭については国籍条項による制限、教育課程上の特別扱いはしない、民族教育は課外で
1996年1月14日	人種差別撤廃条約発効（1965年国連採択、1995年日本批准）
2000年4月	指紋押捺制度の撤廃（外国人登録証の常時携帯義務は残る）
2002年	小泉純一郎首相訪朝、北朝鮮による日本人拉致問題が明らかに
2007年	入国時の外国人に生体情報（指紋と顔写真）の採取義務づけ（特別永住者をのぞく）
2009年1月1日	改正国籍法施行。日本人の子として認知され、日本国籍を持ったフィリピンから来た子どもが増える
2010年	日韓併合100年
2012年7月1日	入管法改定。在留カード制度施行（外国人登録法廃止、住民基本台帳記載）
2016年6月3日	ヘイトスピーチ解消法施行（4月障害者差別解消法、12月部落差別解消法施行）
2019年4月1日	改正出入国管理及び難民認定法の施行（在留資格「特定技能」新設）、出入国在留管理庁設置

［説明］

（在日コリアン問題）

① 日本における外国人問題は、歴史的かつグローバルにとらえる必要がある。在日コリアンの問題は、戦前の朝鮮半島の植民地化と日中戦争及び太平洋戦争による日本人男性の戦死による労働力不足と深い関わりがある。「国民徴用令」の名のもと、半ば強制的に徴用され、軍需工場や炭坑などで働かされた。敗戦時には約200万人の朝鮮人が日本国内に暮らしていたが、1949年には約60万人にまで減少した（年表1）。

② しかし、「帝国臣民」（日本国籍）であったにもかかわらず、1947年の外国人登録令（勅令207号）では、登録は外国人扱いとされた。そして、1952年のサ

ンフランシスコ講和条約による日本の独立時には、通達によって、日本国籍を喪失し、旧植民地出身者とその子どもは外国人の扱いになったのである。同時に、外国人登録法が公布され、指紋押捺制度が導入されたのである（年表2）。日本における外国人問題の原点が在日コリアン問題にあるというのはこの事実による。

　その後、1965年の日韓基本条約以後の「永住」（地位）、1982年の難民条約発効による内外人平等の原則による公共住宅や国民年金における国籍条項の撤廃、1985年の国籍法改正による両系主義の採用による国際結婚の拡大など、在日外国人の権利が拡大してきた。1990年の入管法改定までの外国人施策は、在日コリアン社会の差別撤廃の運動もさることながら、難民条約や女子差別撤廃条約など国際人権条約の批准や承認によることも大きい（大韓民国は韓国、朝鮮民主主義人民共和国は北朝鮮と略記、年表2）。

③ 在日コリアンの人々は、帝国臣民、日本国民、外国籍（朝鮮籍）、協定永住、特例永住、そして現在の特別永住と、日本の外国人管理政策の都合でその法的地位が変転している。ヘイトスピーチの団体がいうような「在日特権」という権利ではない。それは排斥・排除するために「作られた言葉」である。

（日本人移民の歴史）

④ 現在、在日外国人に対して排外主義的な思考や態度をとることは、「天にむかってつばをするようなもの」である。なぜなら、日本は、かつては移民送りだし国であったからである。明治時代から大正の終わりまで（1885年から1924年まで）ハワイをはじめアメリカ大陸（アメリカ合衆国、カナダ）に多くの日本人が海を渡ったのである（年表1）。

⑤ 同様に、1930年代には、世界恐慌下の日本国内の失業、貧困問題を解決するために、ブラジル、ペルーなど南米への移民、そして「満州国」への開拓移民が国策として奨励された（南米移民は戦後1960年代まで続く、年表1）。「満州国」に移民した日本人の多くは、ソ連侵攻に伴う敗戦時の混乱のために、幼い子どもを現地の中国人や満州人に預け（置き去りにし）、戦後の日中平和条約後の中国帰国者・帰国児童、日系中国人の増加となった（年表1）（山崎豊子の小説『大地の子』に詳しい）。

⑥ アメリカ合衆国では、戦前、日本人（一世）は、祖国への文化的アイデンティティが顕著で、同化不可能民族とみなされ市民権も与えられなかった。

排外的なヘイトスピーチも時代を追って激しくなり、日米戦争が開始された翌年には、カリフォルニア州日系人約11万人が強制収容されたことはあまりにも有名である（カナダなどでもあった）。ハワイでも宗教家、教師、新聞記者など日系社会の指導者が拘束された。このような結果、アメリカ市民権を付与された日系二世の「二つの祖国」をめぐるアイデンティティの葛藤が生じたこともまた有名である。結果的に、欧州戦線における日系二世部隊の活躍が、その後のアメリカ社会、ハワイ社会での日系人の地位向上の契機になった（現在、ハワイのホノルル空港はダニエル・K・イノウエ空港となっている）（年表1）。

⑦ アメリカ合衆国における日系人、大日本帝国における朝鮮人など、戦争や紛争のように、国家が最も緊張をもって対立する時に、排外主義的な人種差別主義によって権利の侵害を被るのは、その社会におけるマイノリティである。このことは、「ひょうたん島問題」の背景情報として知っておいてよいものである。

⑧ 日本人移民史の学習は、アイヌ・北海道史、琉球・沖縄史とともに、日本の歴史学習の中では、「周辺」に置かれている。しかしながら、地球規模で見ると、イギリス、アフリカ大陸、カリブ海・北米間で行われた18世紀の三角貿易以来の人の移動、植民地政策からずっと継続しているもので、日本人移民は、中国人やインド人と同様に、19世紀に始まったグローバリゼーションの大きな波（欧米の帝国主義国家における植民地獲得とそこでのプランテーション労働）がもたらした越境移動の一つともいえる。移民を送り出す要因は、貧困と人口過剰であり、基本的には現在の発展途上国・地域と同じである。

（現在の課題）

⑨ 移民たちの定住先では、植民地支配者が人為的・文化的・政治的に「滅亡」させた先住民族が暮らしており、＜支配者（欧米人、アジア・太平洋の一部では日本人）⇆移民（中国人、インド人、日本人、アフリカ出身の黒人奴隷など）⇆先住民族（ネイティブアメリカン、インディオ、ハワイアン、アボリジニ、ネイティブポリネシアンなど）＞の三層になった社会関係が構造化されてきた。移民の問題は、現在のポストコロニアルな問題でもある。

⑩ 現在の日本におけるニューカマー外国人の受け入れは、多分に日本の「都合」によっている。日系人の就労は、日本企業の労働力の不足とコスト削減

によるものであるし、農山村における外国人花嫁は、農業の後継者不足（農家の跡継ぎ不足）によるものである。2019年の改定入管法以後の事態は、いよいよ農林水産業、サービス、介護、ものづくり工業などすべての分野で、日本社会が外国からの移民労働者を必要としていることを示すものである。

⑪ 最後に、移民問題ではないが、在日外国人問題として忘れてならないのが、在日米軍である。日米安保条約と日米地位協定によって米軍基地に多くの米軍兵士が滞在している。米軍基地は、沖縄に圧倒的に多いため、米軍兵士と現地女性との間に生まれた子どもたち（アメラジアン）の処遇が課題になっていることも付言しておきたい。

⑫ これらをウエビングにして俯瞰してみたのが下の図1である。

図1　在日外国人問題ウエビングーオールドカマーとニューカマーの背景（筆者作成）

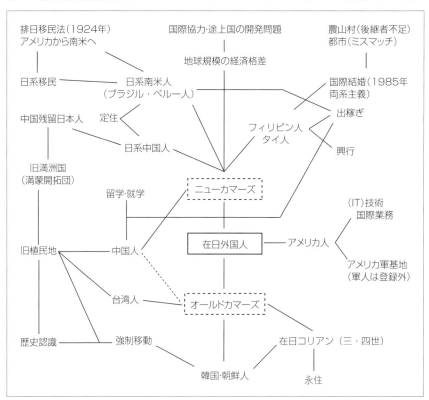

3) グローバリゼーションと移民

図2 地球規模からみた越境する人口移動（筆者作成）

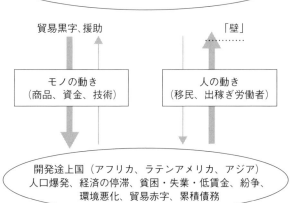

図3 貧困のシャンパングラス

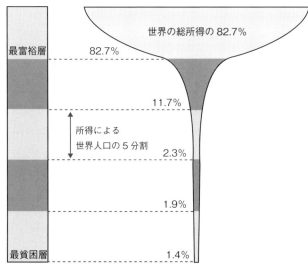

（出典：UNDP 1992）

[説明]

① 南北問題をまつまでもなく、地球規模で拡大するグローバリゼーションは著しい経済格差をもたらしている。「貧困のシャンパングラス」(UNDP 1992年) や『世界がもし100人の村だったら』(池田香代子・ダグラスラミス、2001年、マガジンハウス) が分かりやすく指摘しているように、100人のうち20人が世界の富の80%を所有している。経済の発展した人口の少ない先進国・地域と経済が発展途上で、人口の過剰な開発途上国・地域の間に成立する地球規模の労働力移動の原因である (図2、図3)。

② 日本における外国人労働者問題は、このような国境を越える動きと深く関わっている。すでに指摘されているように、日本企業が平成デフレ不況から立ち直ったのは、地球規模でのグローバリゼーション (市場経済、自由競争) のなかで、日本政府の新自由主義的な規制緩和の動きと非正規雇用の低賃金労働によるコスト削減の結果である。当然にも、外国人労働者は、パートや派遣労働、フリーターの女性や若者とともに、今や日本社会の雇用と労働を支えている。介護・看護分野の労働も近い将来の現実となっている。

③ 韓国や台湾は、一足先に外国人労働者の受け入れを認めたし、中国の沿岸部、都市部での急速な経済の発展は、都市富裕層の出現とともに生活水準の上昇を求める農村労働者の国内移動の要因となっている。東南アジア諸国も、2015年末にASEAN (アセアン) 共同体の設立が宣言され、経済上の国境を低くし、貿易と人の移動の自由化をめざしている。現在では、タイは隣国のミャンマーやカンボジアからの労働者が急増しているし、シンガポールもインドやバングラデシュ、東南アジア諸国からの外国人労働者に依存している。

④ イギリスにおける好調な経済も、拡大したEUのなかで、旧東欧諸国やバルト海沿岸諸国からの外国人労働者の増加と無縁ではなかったが、逆に疲弊した貧困層の意向が働いてEUからの離脱を選択した。アメリカ合衆国におけるトランプ前大統領の移民排斥の動きも、グローバル化した労働者の移動とそれへの反動と理解できる。

3. 参考・関連文献

　移民の受け入れ、先住民族・少数民族・支配民族などとの民族関係、移民自身が社会で直面している課題、多文化主義に関する排除と包摂・共生の考え方に関する研究書、教育書以外にも、民族誌的な情報やエスニックマイノリティについての事例研究になるような図書も含めている。

2000年以前

池澤夏樹（2000）『ハワイイ紀行』新潮文庫

伊豫谷登士翁、杉原達編（1996）『日本社会と移民』明石書店

江橋崇編（1993）『外国人は住民です―自治体の外国人住民施策ガイド』学陽書房

太田晴雄（2000）『ニューカマーの子どもと日本の学校』国際書院

大場幸夫、民秋言、中田カヨ子、久富陽子（1998）『外国人の子どもの保育―親たちの要望と保育者の対応の実態』萌文書林

沖田行司編（1998）『ハワイ日系社会の文化とその変容―1920年代のマウイ島の事例』ナカニシヤ出版

小熊英二（1995）『単一民族神話の起源―〈日本人〉の自画像の系譜』新曜社

小熊英二（1998）『〈日本人〉の境界―沖縄・アイヌ・台湾・朝鮮 植民地支配から復帰運動まで』新曜社

外国人地震情報センター編（1996）『阪神大震災と外国人―「多文化共生社会」の現状と可能性』明石書店

梶田孝道編（1992）『国際社会学―国家を超える現象をどうとらえるか』名古屋大学出版会

梶田孝道（1993）『統合と分裂のヨーロッパ―EC・国家・民族』岩波新書

梶田孝道（1994）『外国人労働者と日本』日本放送出版協会

金賛汀（1985）『異邦人は君ケ代丸に乗って―朝鮮人街猪飼野の形成史』岩波新書

金賛汀（1988）『甲子園の異邦人―「在日」朝鮮人高校野球選手の青春』講談社

桑原靖夫（1991）『国境を越える労働者』岩波書店

桑山紀彦（1999）『多文化の処方箋―外国人の「こころの悩み」にかかわった、ある精神科医の記録』アルク

小林哲也、江淵一公編（1985）『多文化教育の比較研究―教育における文化的同

化と多様化』九州大学出版会

駒井洋編（1995）『定住化する外国人』明石書店

駒井洋他（1997）『新来・定住外国人がわかる事典』明石書店

佐久間孝正（1998）『変貌する多民族国家イギリス―『多文化』と「多分化」にゆれる教育』明石書店

A. シュレージンガー Jr. 著、都留重人監訳（1992）『アメリカの分裂―多元文化社会についての所見』岩波書店

宿谷京子（1988）『アジアから来た花嫁―迎える側の論理』明石書店

新藤兼人（1977）『祭りの声―あるアメリカ移民の足跡』岩波書店

関根政美（1994）『エスニシティの政治社会学』名古屋大学出版会

関根政美（2000）『多文化主義社会の到来』朝日新聞社

戴エイカ（1999）『多文化主義とディアスポラ』明石書店

高良倉吉（1998）『アジアのなかの琉球王国』吉川弘文館

田村太郎（2000）『多民族共生社会ニッポンとボランティア活動』明石書店

田中宏（1995）『在日外国人（新版）』岩波書店

つかこうへい（1998）『娘に語る祖国』光文社文庫

鶴木真（1976）『日系アメリカ人』講談社

手塚和彰（1989）『外国人労働者』日本経済新聞社

手塚和彰（1991）『続・外国人労働者』日本経済新聞社

鳥越皓之（1988）『沖縄ハワイ移民一世の記録』中央公論社

中嶋弓子（1993）『ハワイ・さまよえる楽園―民族と国家の衝突』東京書籍

野村進（1996）『コリアン世界の旅』講談社

初瀬龍平編（1996）『エスニシティと多文化主義』同文舘出版

朴一（1999）『〈在日〉という生き方―差異と平等のジレンマ』講談社選書メチエ

日暮高則（1989）『「むら」と「おれ」の国際結婚学』情報企画出版

広田康生編（1996）『講座外国人定住問題3 多文化主義と多文化教育』明石書店

平山裕人（2000）『アイヌの学習にチャレンジ―その実践への試み』北海道出版企画センター

J.A. バンクス著、平沢安政訳（1996）『多文化教育―新しい時代の学校づくり』サイマル出版会

福岡安則（1993）『在日韓国・朝鮮人―若い世代のアイデンティティ』中央公論社

藤原孝章（1994）『外国人労働者問題をどう教えるか―グローバル時代の国際理解教育』明石書店

藤原孝章編（1995）『外国人労働者問題と多文化教育―多民族共住時代の教育課題』明石書店

別冊宝島（1986）『ジャパゆきさん物語』」「CC 出版局

馬淵仁（2000）『「異文化理解」のディスコース―文化本質主義の落とし穴』京都大学学術出版会

宮島喬（1989）『外国人労働者迎え入れの論理―先進社会のジレンマのなかで』明石書店

もりきかずみ（2000）『国際結婚ガイドブック（第 2 版）』明石書店

山崎朋子（1985）『サンダカン八番娼館』文藝春秋

山崎豊子（1986）『二つの祖国』新潮文庫

山崎豊子（1994）『大地の子』文藝春秋

山中速人（1993）『ハワイ』岩波新書

横田啓子（1995）『アメリカの多文化教育―共生を育む学校と地域』明石書店

2001 年以後

青山薫（2007）『「セックスワーカー」とは誰か―移住・性労働力・人身取引の構造と経験』大月書店

青山晴美（2008）『アボリジニで読むオーストラリア』明石書店

荒牧重人他編（2017）『外国人の子ども白書―権利・貧困・教育・文化・国籍と共生の視点から』明石書店

新城俊昭（2018）『新訂ジュニア版　琉球・沖縄史（沖縄をよく知るための歴史教科書）』編集工房東洋企画

有賀貞（2004）『ヒストリカル・ガイド アメリカ』山川出版社

庵功雄（2016）『やさしい日本語―多文化共生社会へ』岩波新書

石河久美子（2012）『多文化ソーシャルワークの理論と実践―外国人支援者に求められるスキルと役割』明石書店

池田賢市（2001）『フランスの移民と学校教育』明石書店

稲葉佳子（2008）『オオクボ 都市の力―多文化空間のダイナミズム』学芸出版社

NHK 取材班（2017）『外国人労働者をどう受け入れるか―「安い労働力」から「戦

力」へ』NHK 出版

A. オスラー、H. スターキー著、藤原孝章、北山夕華監訳 (2018)『教師と人権教育―公正、多様性、グローバルな連帯のために』明石書店

開発教育研究会編 (2012)『身近なことから世界と私を考える授業Ⅱ―オキナワ・多みんぞくニホン・核と温暖化』明石書店

外国人人権法連絡会編、師岡康子監修 (2016)『Q&A ヘイトスピーチ解消法』現代人文社

「外国につながる子どもたちの物語」編集委員会編、みなみななまんが (2009)『まんが クラスメイトは外国人―多文化共生20の物語』明石書店

神奈川新聞「時代の正体」取材班編 (2016)『ヘイトデモをとめた街―川崎・桜本の人びと』現代思潮新社

川上郁雄、池上摩希子、齋藤ひろみ、石井恵理子、野山広編 (2009)『「移動する子どもたち」のことばの教育を創造する―ESL 教育と JSL 教育の共振』ココ出版

川村千鶴子編 (2008)『「移民国家日本」と多文化共生論―多文化都市・新宿の深層』明石書店

川村千鶴子 (2012)『3. 11後の多文化家族―未来を拓く人びと』明石書店

川村千鶴子編 (2017)『いのちに国境はない―多文化「共創」の実践者たち』慶應義塾大学出版会

川村千鶴子、近藤敦、中本博皓編 (2009)『移民政策へのアプローチ』明石書店

菊池聡 (2018)『〈超・多国籍学校〉は今日もにぎやか！―多文化共生って何だろう』岩波ジュニア新書

京都 YWCA・APT 編 (2001)『人身売買と受け入れ大国ニッポン―その実態と法的課題』明石書店

金光敏 (2019)『大阪ミナミの子どもたち―歓楽街で暮らす親と子を支える夜間教室の日々』彩流社

金賛汀 (2010)『韓国併合100年と「在日」』新潮社

金侖貞 (2007)『多文化共生教育とアイデンティティ』明石書店

金春喜 (2020)『「発達障害」とされる外国人の子どもたち―フィリピンから来日したきょうだいをめぐる、10人の大人たちの語り』明石書店

倉石一郎 (2009)『包摂と排除の教育学―戦後日本社会とマイノリティへの視座』

生活書院

栗田梨津子（2018）『多文化国家オーストラリアの都市先住民―アイデンティティの支配に対する交渉と抵抗』明石書店

駒井洋編（2003）『多文化社会への道』明石書店

小井土彰宏編（2003）『移民政策の国際比較』明石書店

小島祥美（2016）『外国人の就学と不就学―社会で「見えない」子どもたち』大阪大学出版会

近藤敦（2001）『外国人参政権と国籍（新版）』明石書店

J. ゴンザレス・メーナ著、植田都、日浦直美訳（2004）『多文化共生社会の保育者―ぶつかってもだいじょうぶ』北大路書房

齋藤ひろみ、池上摩希子、近田由紀子編（2015）『外国人児童生徒の学びを創る授業実践―「ことばと教科の力」を育む浜松の取り組み』くろしお出版

佐久間孝正（2007）『移民大国イギリスの実験―学校と地域にみる多文化の現実』勁草書房

佐久間孝正（2006）『外国人子どもの不就学』勁草書房

佐々木てる編（2016）『マルチ・エスニック・ジャパニーズ―〇〇系日本人の変革力』明石書店

佐竹眞明（2011）『在日外国人と多文化共生―地域コミュニティの視点から』明石書店

佐竹眞明、メアリー・アンジェリン・ダアノイ（2006）『フィリピン－日本 国際結婚―移住と多文化共生』めこん

佐藤郡衛（2001）『国際理解教育―多文化共生社会の学校づくり』明石書店

佐藤郡衛、吉谷武志編（2005）『ひとを分けるものつなぐもの―異文化間教育からの挑戦』ナカニシヤ出版

佐藤友則（2014）『〈多文化共生〉 ８つの質問―子どもたちが豊かに生きる2050年の日本』学文社

白川千尋（ 2005 ）『南太平洋における土地・観光・文化―伝統文化は誰のものか 』明石書店

塩原良和（2012）『共に生きる―多民族・多文化社会における対話』弘文堂

清水睦美、「すたんどばいみー」編（2009）『いちょう団地発！外国人の子どもたちの挑戦』岩波書店

志水宏吉、清水睦美編 (2001)『ニューカマーと教育―学校文化とエスニシティの葛藤をめぐって』明石書店

滝澤三郎、山田満編著 (2017)『難民を知るための基礎知識―政治と人権の葛藤を越えて』明石書店

武田里子 (2011)『ムラの国際結婚再考―結婚移住女性と農村の社会変容』めこん

多文化共生キーワード事典編集委員会編 (2004)『多文化共生キーワード事典』明石書店

田中宏 (2013)『在日外国人 (第三版) ―法の壁、心の溝』岩波新書

多文化共生のための市民性教育研究会編 (2020)『多文化共生のためのシティズンシップ教育実践ハンドブック』明石書店

鄭大聲 (2004)『焼肉・キムチと日本人』PHP 研究所

照本祥敬編 (2001)『アメラジアンスクール―共生の地平を沖縄から』蒼蕘書房

内藤正典 (2004)『ヨーロッパとイスラーム―共生は可能か』岩波新書

ななころびやおき (2005)『ブエノス・ディアス、ニッポン』ラティーナ

中山京子 (2018)『グアム・チャモロダンスの挑戦―失われた伝統・文化を再創造する』明石書店

中山京子、東優也、太田満、森茂岳雄 (2020)『「人種」「民族」をどう教えるか―創られた概念の解体をめざして』明石書店

西川長夫 (2001)『増補 国境の越え方―国民国家論序説』平凡社

NIRA・シティズンシップ研究会編 (2001)『多文化社会の選択―「シティズンシップ」の視点から』日本経済評論社

丹羽雅雄 (2003)『マイノリティと多民族社会―国際人権時代の日本を問う』解放出版社

野口和恵 (2015)『日本とフィリピンを生きる子どもたち―ジャパニーズ・フィリピノ・チルドレン』あけび書房

朴三石 (2008)『外国人学校―インターナショナル・スクールから民族学校まで』中公新書

朴一 (2005)『「在日コリアン」ってなんでんねん』講談社

朴一 (2016)『僕たちのヒーローはみんな在日だった』講談社

朴鐘碩、上野千鶴子他 (2008)『日本における多文化共生とは何か―在日の経験から』新曜社

リリアン・テルミ・ハタノ (2009)『マイノリティの名前はどのように扱われているのか—日本の公立学校におけるニューカマーの場合』ひつじ書房

浜井祐三子 (2004)『イギリスにおけるマイノリティの表象—「人種」・多文化主義とメディア』三元社

S. ハンチントン著、鈴木主税訳 (2004)『分断されるアメリカ—ナショナル・アイデンティティの危機』集英社

D. ヒーター著、田中俊郎、関根政美訳 (2002)『市民権とは何か』岩波書店

東山紀之 (2010)『カワサキ・キッド』朝日新聞出版

平田利文 (2017)『アセアン共同体の市民性教育』東信堂

平山裕人 (2018)『地図で見るアイヌの歴史—縄文から現代までの 1 万年史』明石書店

R.W. ビビー著、太田徳夫、町田喜義訳 (2001)『モザイクの狂気—カナダ多文化主義の功罪』南雲堂

福岡貞子、伊丹弥生他編 (2014)『多文化絵本を楽しむ』ミネルヴァ書房

藤巻秀樹 (2012)『「移民列島」ニッポン—多文化共生社会に生きる』藤原書店

古田清悟、姜成明 (2011)『日本代表・李忠成、北朝鮮代表・鄭大世—それでも、この道を選んだ』光文社

ブレイディみかこ (2017)『子どもたちの階級闘争—ブロークン・ブリテンの無料託児所から』みすず書房

ブレイディみかこ (2019)『ぼくはイエローでホワイトで、ちょっとブルー』新潮社

毎日新聞取材班編 (2020)『にほんでいきる—外国から来た子どもたち』明石書店

前田ムサシ (2012)『フィリピン妻 4 コマ日記』PHP 研究所

増田ユリヤ (2016)『揺れる移民大国フランス—難民政策と欧州の未来』ポプラ新書

松尾知明 (2007)『アメリカ多文化教育の再構築—文化多元主義から多文化主義へ』明石書店

宮島喬 (2003)『共に生きられる日本へ』有斐閣

宮島喬 (2004)『ヨーロッパ市民の誕生—開かれたシティズンシップへ』岩波書店

村田晶子、中山京子、藤原孝章、森茂岳雄編 (2019)『チャレンジ! 多文化体験

ワークブック―国際理解と多文化共生のために』ナカニシヤ出版

村田翼夫編 (2016)『多文化社会に応える地球市民教育―日本・北米・ASEAN・EU のケース』ミネルヴァ書房

望月優大 (2019)『ふたつの日本―「移民国家」の建前と現実』講談社現代新書

森茂岳雄、川﨑誠司、桐谷正信、青木香代子編 (2019)『社会科における多文化教育―多様性・社会正義・公正を学ぶ』明石書店

森茂岳雄、中山京子編 (2008)『日系移民学習の理論と実践―グローバル教育と多文化教育をつなぐ』明石書店

師岡康子 (2013)『ヘイト・スピーチとは何か』岩波新書

安田峰俊 (2015)『境界の民―難民、遺民、抵抗者。国と国の境界線に立つ人々』KADOKAWA

矢口祐人 (2002)『ハワイの歴史と文化―悲劇と誇りのモザイクの中で』中央公論新社

安田浩一 (2010)『ルポ　差別と貧困の外国人労働者』光文社新書

安田浩一 (2012)『ネットと愛国』講談社 + α 文庫

安田浩一 (2015)『ヘイトスピーチ―「愛国者」たちの憎悪と暴力』文春新書

安田浩一 (2019)『団地と移民―課題最先端「空間」の闘い』KADOKAWA

山岡テイ (2007)『多文化子育て―違いを認め、大事にしたい 海外の園生活・幼児教育と日本の現状』学習研究社

山川徹 (2019)『国境を越えたスクラム―ラグビー日本代表になった外国人選手たち』中央公論新社

山田千明編 (2006)『多文化に生きる子どもたち―乳幼児期からの異文化間教育』明石書店

山脇啓造、横浜市立いちょう小学校編 (2005)『多文化共生の学校づくり―横浜市立いちょう小学校の挑戦』明石書店

山脇啓造、服部信雄編 (2019)『新 多文化共生の学校づくり―横浜市の挑戦』明石書店

善元幸夫編、丸山誠司絵 (2014)『ぼく、いいものいっぱい―日本語で学ぶ子どもたち』子どもの未來社

與那覇潤 (2018)『日本人はなぜ存在するか』集英社文庫

米川正子 (2017)『あやつられる難民―政府、国連、NGO のはざまで』ちくま新書

 第**3**部　資料編

4. 紙芝居ツール画像確認表

※ダウンロードファイル（ZIP 形式）に含まれる画像のファイル名は画像番号と同じ

３つの島―ひょうたん島物語

QRコード

ダウンロードファイル（1）３つの島（1-3islands）
URL：https://www.akashi.co.jp/files/books/5155/1-3islands.zip

画像番号	内容
00	表紙
01	地球
02	ひょうたん島の航海
03	カチコチ島、岩肌
04	カチコチ島、やせた土地
05	カチコチ島、冷害
06	カチコチ島、勤労感謝
07	パラダイス島、海
08	パラダイス島、昼寝
09	パラダイス島、祭り
10	パラダイス島、人口増加
11	カチコチ人、ひょうたん島に遭遇
12	パラダイス人、ひょうたん島に遭遇
13	カチコチ人、ひょうたん島へ行こう
14	パラダイス人、ひょうたん島へ行こう
15	緑の島、ひょうたん島
16	緑と水の島、ひょうたん島
17	ひょうたん島の市街地
18	ひょうたん農園
19	ひょうたん、ふくべ
20	ひょうたん文化、暮らし
21	ひょうたんパワーの秘密
22	ひょうたん島概念図
23	とっくり地区の混住
24	カチコチ人、パラダイス人の住宅
25	３つの民族の服装（男性のみですが、女性は「あいさつがわからない」でふれています）
26	公園での触れ合い

あいさつがわからない

QRコード

ダウンロードファイル （2）あいさつがわからない（2-greetings）
URL：https://www.akashi.co.jp/files/books/5155/2-greetings.zip

画像番号	内容
27	あいさつ役割カード
28	ひょうたん人、「カルバー」
29	ひょうたん人、ていねいなおじぎ
30	カチコチ人、「カチコーチ」
31	パラダイス人、「デュコ」
32	パラダイス人、作法

カーニバルがやってきた

QRコード

ダウンロードファイル （3）カーニバルがやってきた（3-carnival）
URL：https://www.akashi.co.jp/files/books/5155/3-carnival.zip

画像番号	内容
33	よく働くカチコチ人
34	ひょうたん人のカチコチ人への評価
35	職場に進出するカチコチ人
36	ひょうたん人の反感
37	ひょうたんカーニバルの日
38	ひょうたんファッション
39	ひょうたんコンテスト
40	ひょうたんテレビ局の問題視
41	仮想会議
42	役割カードA：ひょうたん文化保存会会長
43	役割カードB：ひょうたんカーニバル実行委員
44	役割カードC：カチコチ文化協会代表
45	役割カードD：ひょうたん大学教授
46	役割カードE：カチコチ人労働者協会代表
47	役割カード：ひょうたん新聞記者

ひょうたん教育の危機

QRコード

ダウンロードファイル （4）ひょうたん教育の危機（4-education）
URL：https://www.akashi.co.jp/files/books/5155/4-education.zip

画像番号	内容
48	のんびり屋のパラダイス人

49	昼寝をするパラダイス人
50	ひょうたん学校に増えるパラダイス人の子ども
51	ひょうたん学校になじめないパラダイス人の子どもたち
52	勉強が遅れるパラダイス人の子どもたち
53	パラダイス人の親の考え方
54	パラダイス学校建設運動
55	教育改革を求めるカチコチ人
56	ひょうたんテレビ局の問題視
57	仮想会議
58	役割カードＡ：ひょうたん教育委員会委員長
59	役割カードＢ：パラダイス学校建設運動協議会代表
60	役割カードＣ：ひょうたん学校教員
61	役割カードＤ：カチコチ経済人連合会代表
62	役割カード：司会者・調整役
63	政策ランキングカード

リトル・パラダイスは認められるか？　

ダウンロードファイル（5）リトル・パラダイスは認められるか？（6-littleparadise）
URL：https://www.akashi.co.jp/files/books/5155/5-littleparadise.zip

画像番号	内容
64	とっくり地区、出て行くひょうたん人とカチコチ人、集住するパラダイス人
65	助け合って暮らすパラダイス
66	リトル・パラダイスと呼ばれるとっくり地区
67	リトル・パラダイスへの偏見
68	コストのかかるリトル・パラダイス
69	ひょうたん政府の財政を脅かすリトル・パラダイス
70	仮想会議
71	役割カードＡ：ひょうたん政府役人
72	役割カードＢ：ひょうたん住民代表
73	役割カードＣ：パラダイス住民代表
74	役割カードＤ：ひょうたん大学教授
75	役割カードＥ：カチコチ人のひょうたん大学学生代表
76	政策ランキングカード

ひょうたんパワーの消滅？

QRコード

ダウンロードファイル （6）ひょうたんパワーの消滅？（6-power）
URL：https://www.akashi.co.jp/files/books/5155/6-power.zip

画像番号	内容
77	水不足になるひょうたん農園
78	家庭にも及ぶ水不足
79	森を守り大切にするひょうたん
80	住宅建築材を伐採するカチコチ人
81	癒しの植物を採集するパラダイス人
82	レジャー施設を建設するひょうたん人（※動画版にはありません）
83	樹木の伐採、薬用植物の採集、荒れる森林
84	地肌がむき出しになるひょうたん島
85	水不足対策を議論する議会
86	ひょうたんパワーの危機、沈没の危機
87	We are the world

5. 動画版（YouTube）一覧

藤原孝章『ひょうたん島問題』動画版

オリジナル版：藤原孝章原著・監修、前川敏コンテンツ・シナリオ、デジタルマジック株式会社企画・製作（2000）『ひょうたん島問題―多文化共生をめざして―地球市民教育参加体験型学習 CD-ROM 教材（テキストパック）』デジタルマジック株式会社（著作権は藤原孝章に帰属）

① 藤原孝章『ひょうたん島問題』動画版「背景ストーリー――３つの島」

 https：//youtu.be/chL0L4n_CVg

② 藤原孝章『ひょうたん島問題』動画版「あいさつがわからない」

 https：//youtu.be/dvx-eyAsywY

③ 藤原孝章『ひょうたん島問題』動画版「カーニバルがやってきた」

 https : //youtu.be/cLI3MRamwho

④ 藤原孝章『ひょうたん島問題』動画版「ひょうたん教育の危機」

 https : //youtu.be/ohhyVoJ0IOE

⑤ 藤原孝章『ひょうたん島問題』動画版「リトルパラダイスは認められるか？」

 https : //youtu.be/QSa4mRoMwsY

⑥ 藤原孝章『ひょうたん島問題』動画版「ひょうたんパワーの消滅？」

 https : //youtu.be/Sz45N7Ovpyc

おわりに

　ひょうたん島ワールドはいかがだっただろうか。すでに、少子高齢社会に突入した日本は、外国人や移民の労働に依存する時代になった。介護や看護だけではなく、販売・観光などのサービス業、農林水産業、工業など、全ての産業分野で外国ルーツの労働者に依存するようになった。その数も300万人を超えようとしており、国籍や民族性、言語や宗教など多様な文化的背景を持った人々とともに暮らす時代になった。

　この新版を執筆していた2020年は、新型コロナウィルス（COVID-19）の感染が世界中に広がった。グローバルな感染リスクは、世界各国で社会的な分断を生み、人種差別やヘイトクライムなど排外的な言動になって現れた。日本でも、人の移動や行動が制限され、経済が循環しないために、旅客輸送、旅館・ホテル、飲食、販売、サービス、製造業や農水産業など、ほぼすべての業種で経営が悪化した。とりわけ、非正規の契約や派遣、技能実習などの雇用で働く外国人は真っ先に仕事を失い、帰国もできず生活の困難に直面している。

　リスク社会にあって多文化共生の社会づくりは急務の課題である。モザイク型、サラダボウル型、隔離型などいくつかのモデルは欧米社会にあるが、日本自身の歴史的な経験（日系移民の歴史や「多民族国家」である「大日本帝国」の経験と反省）もふまえた共生社会ができることが望ましい。多文化共生は、ホスト社会とゲストグループの権力関係からみたとき、市民権や労働市場、民族関係など社会のさまざまな場面で、ジレンマの課題を抱えている。そのなかでも、マイノリティの人権の視点を欠落させない社会的包摂のあり方が求められている。

　旧版以後、おかげさまで、各市町村の教育委員会の教員研修、公益財団法人等の人権啓発研修、全国自治体職員対象のまちづくり研修、国際交流協会や多文化共生に関わるNPOの市民講座など多くの場面で講演の機会を持つことができ、好評をいただいた。京都府教育委員の『人権学習資料集〈中学校編Ⅱ〉』（2018年）にも一部を収録していただいた。同志社女子大学の「多文化共生とこども」の授業でも教材活用のワークショップの機会に恵まれた。本書が、外国人や移民について学習する機会の少ない学校教育の現場で、自治体の国際

化をめざす社会教育の現場で、このような多文化社会の課題を考える教材、練習問題として広く取り上げてもらえれば著者として望外の喜びである。

　なお、旧版以後、日本学術振興会の科研費（「多文化・格差社会に着目した社会科アクティブ・ラーニング教材開発の研究」（基盤（C）研究代表　藤原孝章、2016年度〜2019年度）の助成をいただき、大阪市生野区、大阪府八尾市、滋賀県湖南市、愛知県豊田市、神奈川県横浜市・川崎市、静岡県浜松市、北海道ニセコ地区（倶知安市・ニセコ町）など多文化集住地域の自治体や学校、NPOへの訪問、見学、調査を重ねることができた。各地域でお世話になった人々への謝意とともに、それらの成果は新版刊行に生かされていることも付け加えておきたい。

　最後になるが、旧版のイラストの作者、前川敏氏は故人となられた。ご冥福を祈ります。動画版の著作権などについて便宜を図っていただいたデジタルマジック社（当時）の中島正行氏にも感謝します。そして、新版以後なんども改訂版の声をかけていただき、今回の新版の機会まで待っていただいた明石書店編集部の森冨士夫氏、社長の大江道雅氏に改めて謝意を申し上げます。

索　引

あ

あいさつ　5, 6, 29-36, 46, 110, 111, 126
アイスブレーキング　7, 35, 90
愛知県　64, 65, 68, 69, 137, 164
アイデンティティ　47, 69, 99, 103, 112, 122, 123, 127, 129, 134, 144-146
アイヌ（民族）　125, 143, 146
アジア系　82, 101, 108, 121
跡継ぎ不足　147
アパルトヘイト　122
アメラジアン　147
アメリカ合衆国　98, 107, 120, 121, 126, 145, 146, 149
アラブ人　121
アルバイト　48, 133

い

EU（ヨーロッパ連合）　149
イギリス　108, 121, 146, 149
意思決定　110, 111, 114, 117, 124
イスラム系　108, 121
一民族一国家一言語　4, 103
一条校　99
居場所づくり　66
異文化理解　110, 128
移民　3, 4, 48, 63, 77, 82, 91, 102, 106, 107, 120-124, 126, 127, 135, 140-142, 145-149, 163
移民排斥　123, 149
「入れ子」型　110
インクルーシブな教育　64
インターナショナルスクール　63
インド／インド人　82, 94, 101, 134, 142, 143, 146, 149
インドシナ難民　82, 94, 134, 142, 143
インバウンド　35, 129, 132, 140
インビジブル　101

う

宇宙船地球号　111, 119

え

永住　100, 133, 134, 137, 142-145
ALT（外国語の補助教員）　66
SDGs　129
エスニック・アイデンティティ　64
エスニック・グループ　82, 106, 107, 123, 124
エスニックタウン　7, 83
越境移動（越境する人口移動）　146, 148
NPO（民間市民団体）　3, 66-69, 94, 95, 98, 139, 163, 164
FM（エフエム）　47
エンターテイメント　101

お

欧米社会　48, 163
大阪市　68, 69, 82, 83, 164
大阪府八尾市　82, 164
「大阪Minamiこども教室」　68
オーストラリア　82, 121, 126, 141
大文字のCitizenship　122
オールドカマー　82, 122, 123, 125, 132, 133, 135, 136, 147
沖縄／琉球　125, 141-143, 146, 147

か

海外協力隊　135
介護／介護サービス　3, 96, 133-135, 147, 149, 163
外国人学校　51, 63, 95, 100
外国人嫌悪・ヘイト言説　99

外国人指導員　65
外国人児童生徒支援教育　64
外国人住民　3, 7, 66, 82, 128, 132, 136
外国人住民数　3, 128, 132, 136
外国人登録法　143-145
外国人花嫁　69, 100, 147
外国人労働者　3, 38, 82, 121, 125, 129, 133, 140, 143, 149
外国人労働者問題　125, 149
外国籍　64, 103, 132, 135, 138, 139, 143, 145
外国にルーツを持つ子ども（たち）　7, 35, 62-69, 95, 98, 101, 128, 138
外国にルーツを持つ日本人　97
外国にルーツを持つ人々　71, 81, 93, 98, 99, 102, 103, 129, 140
介護施設　96
改定入管法（2019年施行）　3, 48, 100, 133, 135, 143, 147
開発途上地域　107
格差　48, 79, 110, 149, 164
学習言語　66, 69, 101, 102, 138, 139
学習単元　125, 126
学習補助　68
隔離　71, 78, 82, 118, 122, 163
家族滞在　133
価値葛藤　114, 116
価値観　5, 30, 37, 45, 46, 48, 49, 79, 91, 110, 111, 113, 115, 117, 118, 127, 129
価値判断　117
カナダ　121, 126, 142, 145, 146
観光産業　137
関西圏　136, 137
関東圏　136, 137
関東大震災　141

帰化　96, 136, 144
帰国生／帰国子女／キコクシジョ　63, 98, 102, 142

技能実習　38, 48, 82, 94, 95, 100, 133-138, 163
教育政策　62, 110
教員研修　35, 50, 61, 163
教科書　3, 65, 66, 68, 138
強制収容　142, 146
行政文書　140
共生モデル　6, 7, 8, 47, 64, 81, 92
共同体主義　112, 113
共有財産　7, 84, 90, 110
居住（地域）　3, 5, 70, 71, 78-81, 103, 106, 108, 110, 111, 117-119, 123, 133, 136, 137
キリスト教　48
議論の構造　114-117
勤労　5, 19, 37, 44-46, 48, 106, 110, 111, 113, 114

グローバリゼーション　121, 126, 146, 148, 149
グローバル教育　111, 129
グローバルな価値　111
群馬県　65, 82, 137

経済格差　149
ゲスト／ゲストグループ　106, 109, 111, 117, 124, 163
血統主義　103, 136
権力関係　109, 121, 124, 163

合意形成　117, 124
興行　134, 135
高校進学　66
公正　63, 130, 140
公団住宅　65
構築主義　8, 122
交流イベント　6, 38, 47
国際学校　6, 50, 51, 61-63, 114, 116

国際結婚　64, 69, 99, 102, 108, 122, 133–135, 137, 142, 144, 145

国際交流　3, 38, 47, 48, 98, 163

国際交流センター　47

国際理解／国際理解教育　3, 8, 50, 61, 114, 128

黒人　121, 122, 146

国籍条項　98, 122, 133, 143–145

国籍法　64, 134–136, 139, 142–145

国民　14, 41, 42, 58, 63, 64, 106, 108, 115, 121, 123, 124, 136, 141–145

国民国家　106, 108, 124

国民徴用令　141, 144

国民統合　63, 123

国立民族学博物館　36

心の壁　93, 99–101, 134

コスト　5, 58, 65, 70, 74, 75, 78, 80, 81, 110, 111, 117–119, 146, 149

言葉の壁　35, 93, 100–102, 140

「子どもの国」　68, 69

ごみ出し　48

コミュニケーション　4, 5, 30, 35, 48, 91, 110, 123, 127, 138, 140

コミュニティ　4, 47, 48, 63, 77, 82, 100, 123

小文字のcitizenship　122

固有の文化　91, 127

雇用調整　136

コリアタウン　82, 83, 122

コンビニ　35, 101

さ

災害情報　47, 140

在日　95, 108, 124, 125, 134, 145, 147

在日韓国・朝鮮人　122, 143, 144

在日コリアン　63, 94, 95, 97, 100–102, 132–134, 136, 137, 144, 145

在日米軍　147

差異派人種主義　112, 114–116, 118

差異派反人種主義　62, 112, 114, 118

在留カード　143, 144

在留資格　98, 128, 136–138, 143

作戦会議　50

サラダボウル(社会)　121, 127, 163

三角貿易　146

サンフランシスコ講和条約　142–144

し

JSL（第二言語としての日本語）　6, 65

JFC（ジャパニーズ・フィリピノ・チルドレン）　101, 102, 134, 139

資格外活動　48, 133, 135

滋賀県　65, 67, 136, 137, 164

滋賀県国際協会　67

静岡県　65, 137, 164

自尊感情　127

自治体　3, 7, 35, 47, 66, 67, 79, 81, 83, 99, 100, 140, 163, 164

自治体国際化協会　66, 67, 81

失業　14, 107, 136, 140, 145

シティズンシップ　8, 102

シミュレーション　3, 4, 8, 62, 92, 106, 109, 110, 113, 116–118, 123–129

シミュレーション学習　110, 124, 126

市民権　136, 145, 146, 163

市民講座　3, 35, 81, 163

自民族中心(主義)　111–113, 120

指紋押捺　143–145

社会科　3, 8, 128, 164

社会参加　48, 124

社会参加学習　124

社会統合　121, 122

社会問題　4–8, 37, 42, 45, 46, 49, 90, 91, 106, 108, 109, 112, 117, 123, 127, 128

自由　20, 26, 63, 98, 108, 112, 119, 123, 141–143, 149

就学義務　66

修学支援　101

集住地域　65, 67, 69, 82, 100, 136, 137, 164

18歳成人　94
就労条件　48, 136
祝祭　4, 37, 39, 46–48, 106, 110, 113, 118, 123
出生地主義　103, 136
出入国在留管理庁　138, 144
首都圏　136, 137
少子高齢社会　3, 163
少数派　5, 44–46, 49, 58, 70, 90, 91, 106, 115, 116
女子差別撤廃条約　144, 145
女性差別　77, 80, 106, 110
ジレンマ　108, 109, 112, 113, 118–120, 123, 129, 163
ジレンマの構造　108, 109, 112, 113, 129
新型コロナウィルス　4, 132, 163
シンガポール　99, 149
人権　3, 4, 45, 62, 77–81, 99, 108, 112, 114, 118–120, 123, 128, 135, 143, 145, 163
人権教育／人権研修　3, 62, 81
人口減少社会　133
人口動態　5, 84, 107, 126
人種差別撤廃条約　144
人種主義／人種差別　82, 112, 113, 120–122, 124, 127, 129, 144, 146, 163
人種のるつぼ論　120, 121
人身取引／人身売買　101, 134, 135
人類共通の利益　119

す

スティグマ　107
ステレオタイプ　106, 107, 124, 127
スペイン語　47, 64, 94, 139
スポーツ　97, 101, 103, 134, 135
3F（スリーエフ、食・衣装・祭り）　48

せ

生活言語　66, 101, 138
生活情報　7, 47, 65, 128
制度の壁　93, 99–101, 136
世界都市　107, 136, 137

選挙権　94, 98–100
先住民族　121, 125, 127, 143, 146
先進地域　107

そ

総合的な学習（探究）の時間　125, 128

た

タイ／タイ人　28, 35, 37, 40, 44, 46, 49, 52, 61, 63, 70, 97, 116, 134, 149
第二次世界大戦　96, 134, 141
ダイヤモンドランキング　50, 51, 71, 117
対話　128, 129
多言語　7, 35, 47, 138, 140
多言語／多言語表示　168
多国籍企業　107
多数派　5, 45, 49, 62, 64, 70, 77, 90, 106
ダブル・リミテッド　66, 98, 102, 139
多文化学習　61, 108, 109, 111, 129
多文化・共生　118, 119, 125, 126
多文化共生　3, 4, 7, 8, 47, 62, 66, 81–83, 102, 112, 121, 126, 128, 136, 163
多文化共生のまちづくり　47, 66, 81, 83
多文化社会　4, 12, 62, 65, 106, 108–110, 112, 116, 121–124, 128, 164
多文化主義　5, 62, 70, 120–123, 129
多文化探究　129, 130
多文化理解　110
多民族共生　5, 70
多民族国家　108, 163
団地／集合団地　48, 69, 71, 78, 94, 118

ち

地域コミュニティ　47, 48, 100
地球家族　36
地球環境　119
地球市民　3
地球社会　119
地方参政権　122

中華街／チャイナタウン　82

中国　35, 47, 48, 64, 95-97, 102, 121, 132-137, 139, 141, 142, 145, 146, 149

中国人　95, 96, 121, 133-135, 145, 146

中国帰国者　96, 134, 136, 137, 142, 145

中国語　47, 64, 139

中国残留孤児　96, 142

超過残留　133, 136

朝鮮戦争　142, 143

朝鮮半島　97, 132, 141, 143, 144

つ

通名(日本名)　98, 123

ツールミン図式　115

て

ディアスポラ　122, 125

帝国臣民　143-145

定住　66, 96, 108, 122, 133, 134, 137, 143, 146

低賃金労働　48, 65, 100, 149

出稼ぎ型労働者　132

伝統回帰　112

と

ドイツ　35, 108, 120

同化／同化主義　5, 46, 48, 49, 62-64, 106, 108, 112-114, 117, 121, 124, 127, 129, 145

東海圏　136, 137

同化不可能民族　48, 145

東京都新宿区　69

統合　108

東南アジア　99, 101, 141, 149

「特定技能」　48, 94, 100, 133, 135, 137, 138, 144

特別永住　134, 137, 144, 145

特別支援教育　140

特別の教育課程　64, 139

豊田市／保見団地　68, 69, 82, 164

取り出し　64

な

長野県　65, 137

ナショナリズムの記憶　124

南京町　82

南米移民　145

南北問題　126, 127, 149

難民　82, 94, 107, 121, 122, 133-135, 142-145

難民条約　142, 143, 145

に

二重国籍　103

ニセコ　82, 83, 164

日米戦争　146

日韓基本条約　142, 143, 145

日韓併合　141, 144

日系人　64-66, 108, 122, 141, 142, 144, 146

日系中国人　64, 133, 134, 145

日系二世部隊　142, 146

日系ブラジル人　64, 69, 82, 124, 133-138

日系ペルー人　64, 94, 133, 136, 137

日中平和友好条約　142

日本語学習　63

日本語学校　63, 98, 141

日本語教育推進法　65, 139

日本語教室／国際教室　6, 64, 66, 98, 140

日本国憲法　142, 143

日本国籍　64, 96, 97, 134, 135, 138, 139, 143-145

日本語指導　64-66, 138, 139

日本語習得　65, 101, 138

日本語能力試験　133

日本人移民　8, 48, 63, 82, 134, 141, 145, 146

日本人学校　63, 142

日本人の配偶者　135

日本代表　97, 103

ニューカマー　65, 69, 82, 95, 100, 102, 121, 122, 125, 126, 132, 133, 135-137, 139, 146, 147

入管法(出入国管理及び難民認定法)　133, 142-145

ね

ネパール／ネパール人　134, 135

の

農水産業　137, 163
農村花嫁　96, 98

は

ハーフ　97, 101
排外主義　62, 127, 145, 146
排日移民法　141
ハイブリッディティ　122
バイリンガル　98
パキスタン人　97
白人　99, 101, 121, 122
発達障害　140
浜松市　65, 82, 164
ハラール　97
ハワイ　48, 99, 141, 142, 145, 146
阪神・淡路大震災　140, 142
反人種差別　113

ひ

非一条校　100
東日本大震災　4, 98, 133, 135, 140, 143
非正規雇用　38, 48, 133, 136, 149
人は働くだけか　130
平等　45, 46, 48, 63, 112, 114, 119, 121, 123, 130, 143, 145
貧困のシャンパングラス　148, 149

ふ

ファシリテーター　8
フィールドワーク　69, 124
フィリピノ語　64, 139
フィリピン／フィリピン人　96, 97, 101, 102, 108, 122, 132, 134, 135, 139, 141, 144
フィリピンルーツの子ども　64, 138

複合／変容　7, 8, 47, 81, 99, 102, 106, 107, 122, 124, 125, 128
複合的（な）アイデンティティ　99, 122
福祉排除　122
複数のアイデンティティ　129
不就学　66, 139
二つの祖国　134, 146
プッシュ要因　5, 107
不登校　66, 101, 139
普遍主義　62-64, 113, 120, 121, 129
普遍的（な）価値　92, 110, 119, 123
普遍派人種主義　63, 112, 114, 115, 118
普遍派反人種主義　62, 112, 114, 118
富裕層　82, 117, 121, 133, 149
ブラジル／ブラジル人　64, 67, 69, 82, 95, 102, 124, 132-138, 141, 142, 145
ブラジル人学校　63, 65, 95
フランス　35, 64, 108, 120, 121
プル要因　5, 107
文化相対主義　112, 113
文化（の）対立　5, 37, 49
文化摩擦　110, 120, 122
文化理解アプローチ　128
分断　82, 107, 117, 163
分断化現象　117
分離主義　5, 62, 70

へ

ヘイトスピーチ　4, 99, 122, 134, 144-146
ヘイトスピーチ解消法　4
ベトナム／ベトナム人　82, 94, 100, 122, 134, 135, 139, 143
偏見　48, 99, 100, 127

ほ

包摂　108, 163
ボーダーレス（社会）　119, 122
母語言語　66, 139
ホスト／ホスト社会　77, 106, 109-112, 117,

118, 124, 163
ポストコロニアル　146
ポストモダン　106
ポリティクス　92
ポルトガル語　47, 64, 66, 69, 95, 139
本質主義　8, 92, 106, 122, 124

ま

マイノリティ　7, 48, 59, 69, 70, 77, 78, 81, 90, 91, 99, 102, 110, 112, 113, 117, 118, 121, 122, 125–127, 146, 163
マジョリティ　7, 48, 59, 62, 70, 76, 90, 112, 113, 117, 118, 121, 127
満州国　96, 141, 145

み

三重県　65, 137
「見えない」外国人　69
ミックス　64, 97, 101, 103, 135
三つの壁　93, 98, 100, 102, 136, 140
民族学校　6, 62, 63, 99, 100, 110
民族誌(エスノグラフィー)　69, 122
民族主義　81, 113, 118
民族紛争　92, 109, 112, 119, 123
民族料理　47

む

ムスリム　82, 93, 97, 99, 101

も

模擬体験学習　109
モザイク(社会)　121, 163
モスク　101
モニカスタンプ　67
文部科学省　64–66, 138, 139

や

やさしい日本語　7, 66, 68, 138, 140

ゆ

ユダヤ人虐殺　120

よ

ヨーロッパ　126, 142
呼び寄せ　107, 108, 141

ら

拉致問題　134, 144
ランキング　6, 7, 49–51, 60–63, 70, 71, 78–81, 110, 111, 114–119, 124, 128

り

リーマンショック　133, 135
リスク社会　163
リトル・トーキョー　82
リベラル　62, 123
留学生　47, 48, 66, 82, 93, 100, 101, 133–135

れ

連帯　90, 99, 100

ろ

労働移民　107
労働者不足　133
労働力　14, 107, 126, 127, 132, 144, 146, 149
ロールプレイ　6, 7, 8, 37, 38, 46, 47, 49–51, 61, 70, 71, 79, 84, 93, 110, 111, 113, 114, 116–118, 123, 128, 129

わ

ワークショップ　4, 7, 61, 63, 64, 67, 81, 90, 103, 124, 132, 163

著者紹介

藤原孝章（ふじわら　たかあき）

同志社女子大学現代社会学部現代こども学科特任教授。博士（教育文化学）。報徳学園中学校・高等学校教諭、富山大学教育学部教授をへて同志社女子大学教授、現在に至る。専門は社会科・国際系教育（社会科、国際理解、グローバル、シティズンシップ）のカリキュラムや単元の開発、教材開発。日本国際理解教育学会前会長、全国社会科教育学会、日本社会科教育学会、社会系教科教育学会、日本シティズンシップ教育学会、日本グローバル教育学会所属。

主な著書：単著『外国人労働者問題をどう教えるか』（明石書店、1994年）、共著『ハワイ日系社会の文化とその変容』（ナカニシヤ出版、1998年）、共著『新しい開発教育のすすめ方Ⅱ　難民』（古今書院、2000年）、編著『時事問題学習の理論と実践』（福村出版、2009年）、共編著『グローバル時代の国際理解教育』（明石書店、2010年）、共著『社会参画と社会科教育の創造』（学文社、2010年）、共編著『現代国際理解教育事典』（明石書店、2012年）、共編著『国際理解教育ハンドブック』（明石書店、2015年）、共著『SDGsと開発教育』（学文社、2016年）、単著『グローバル教育の内容編成に関する研究』（風間書房、2016年）、共編著『大学における海外体験学習への挑戦』（ナカニシヤ出版、2017年）、共著『18歳成人社会ハンドブック』（明石書店、2018年）、共監訳『教師と人権教育』（明石書店、2018年）、共編著『チャレンジ！多文化体験ワークブック』（ナカニシヤ出版、2019年）、共編著『SDGsカリキュラムの創造』（学文社、2019年）。

新版 シミュレーション教材「ひょうたん島問題」
——多文化共生社会ニッポンの学習課題

2008年2月5日　初版第1刷発行
2021年2月25日　新版第1刷発行

著　者　　藤　原　孝　章
発行者　　大　江　道　雅
発行所　　株式会社 明石書店
〒101-0021　東京都千代田区外神田 6-9-5
電　話　03 (5818) 1171
F A X　03 (5818) 1174
振　替　00100-7-24505
http://www.akashi.co.jp
装丁　　明石書店デザイン室
印刷　　株式会社文化カラー印刷
製本　　協栄製本株式会社

国際理解教育ハンドブック

グローバル・シティズンシップを育む

日本国際理解教育学会編著

B5判／並製／264頁

●2600円

国際理解教育の歴史、カリキュラム開発、教育実践などを系統的に解説した格好の入門書。ESD、学力と評価、コンピテンシーなどとの関連性、ユネスコ、欧米、東アジアにおける動向など、幅広い視野から国際理解教育をとらえ、今後の研究と実践の指針を示す。

■■■ 内容構成 ■■■

第Ⅰ部　国際理解教育のパースペクティブ
第Ⅱ部　国際理解教育の歩み
第Ⅲ部　国際理解教育のカリキュラム
第Ⅳ部　国際理解教育の実践
　1　実践の展望
　2　小学校の実践
　3　中学校の実践
　4　高等学校の実践
　5　大学・地域／NGOの実践
第Ⅴ部　国際理解教育の国際動向
付録
　国際理解教育をさらに学びたい人のために――関連文献目録
　【資料1】年表：日本国際理解教育学会の研究活動の歩み
　【資料2】学会誌『国際理解教育』の主要目次

リンガフランカとしての日本語

多言語・多文化共生のため に日本語教育を再考する

青山玲二郎、明石智子、李 楚成編著　梁 安玉監修

●2300円

多様性が拓く学びのデザイン

主体的・対話的に他者と学 ぶ教養教育の理論と実践

佐藤智子、髙橋美能編著

●2400円

職場・学校で活かす現場グラフィー

ダイバーシティ時代の 可能性をひらくために

清水 展、小國和子編著

●2500円

社会科アクティブ・ラーニングへの挑戦

社会参画をめざす 参加型学習

風巻 浩

●2800円

国際理解教育

多文化共生社会の学校づくり

佐藤郡衛

●2300円

新 多文化共生の学校づくり

横浜市の挑戦

山脇啓造、服部信雄編著

●2400円

外国人児童生徒受入れの手引【改訂版】

文部科学省総合教育政策局 男女共同参画共生社会学習・安全課編著

●800円

日韓中でつくる国際理解教育

日本国際理解教育学会、ACCU共同企画
大津和子編

●2500円

〈価格は本体価格です〉

現代国際理解教育事典

日本国際理解教育学会 編著

大津和子、多田孝志、中山京子、藤原孝章、森茂岳雄

A5判／上製／336頁　●4700円

歴史・理論から多文化社会・グローバル社会・地球的課題等の学習領域、さらには学習論・方法論から代表的実践まで、11分野・270以上の項目を網羅。深遠な内容を包含する国際理解教育の実践と理論を最新の学問的成果を踏まえ編纂・収録した本邦初の本格的な事典。

内容構成

1　歴史と理論
2　学習領域論
3　・多文化社会
　・グローバル社会
　・地球的課題
　〈開発問題〉
　〈環境問題〉
　〈平和問題〉
　〈人権問題〉
　未来への選択
　カリキュラム論
4　学習論／方法論
5　代表的実践
6　新しい課題
7　関連諸教育
8　関連諸科学
9　諸外国・諸地域の国際理解教育
10　国際協力機関
11　国際協力NGO
付録　国際理解教育関連文献目録

社会科における多文化教育
多様性・社会正義・公正を学ぶ

森茂岳雄、川﨑誠司、桐谷正信、青木香代子編著

●4800円

外国人児童生徒のための社会科教育
文化と文化の間を能動的に生きる子どもを授業で育てるために

南浦涼介

●2700円

「生きる力」を育むグローバル教育の実践
生徒の心に響く主体的・対話的で深い学び

石森広美

●2000円

多文化社会に生きる子どもの教育
外国人の子ども、海外で学ぶ子どもの現状と課題

佐藤郡衛

●2400円

グローバル化のなかの異文化間教育
異文化間能力の考察と文脈化の試み

西山教行、大木充編著

●2400円

「移民時代」の多文化共生論
想像力・創造力を育む14のレッスン

松尾知明

●2200円

小学校の多文化歴史教育
授業構成とカリキュラム開発

太田満

●3800円

いっしょに考える外国人支援　関わり・つながり・協働する

南野奈津子編著

●2400円

〈価格は本体価格です〉